Emily Lex

frei & leicht

EMILY LEX

frei
UND
leicht

Entdecke Gottes Einladung
in ein Leben voller Gelassenheit

Aus dem Amerikanischen
von Beate Zobel

GerthMedien

ÜBER DIE AUTORIN

Emily Lex macht es Freude, die Schönheit eines jeden Tages mit ihren Aquarellbildern einzufangen. Sie ist freischaffende Künstlerin, Illustratorin und neuerdings auch Autorin und lebt mit ihrer sechsköpfigen Familie an der Nordwestküste der USA. Mehr Infos über Emily finden sich unter emilylex.com.

Für alle, die müde und erschöpft sind.
Er hält wirklich, was er versprochen hat.

INHALT

Bist du müde? Erschöpft?

Ausgelaugt von zu viel Religion?

Komm zu mir.

Komm mit mir, dann wirst du

dein Leben neu entdecken.

Ich werde dir zeigen,

wie du dich wirklich ausruhen kannst.

Geh mit mir mit und arbeite mit mir –

schau mir zu, wie ich es mache.

Entdecke den natürlichen
Rhythmus der Gnade.
Ich werde dir nichts Schweres
oder Unangemessenes auferlegen.
Bleibe mit mir zusammen,
dann wirst du lernen,
frei und unbeschwert zu leben.

MATTHÄUS 11,28-30
(NACH DER MSG INS DEUTSCHE ÜBERSETZT)

T-Shirt

EINLEITUNG

DER SCHMALE GRAT

Ich habe ein T-Shirt, auf dessen Vorderseite steht in großen, weißen Buchstaben „#MÜDE", ein Shirt für gemütliche Tage oder Nächte, das ich echt witzig finde. Eine Influencerin würde sich damit, perfekt gestylt mit einer Kaffeetasse in der Hand, montagmorgens beim Aufwachen präsentieren. Als ich das Shirt gekauft habe, war ich aber tatsächlich ausgesprochen müde. Meine Eisenwerte waren im Keller und ich bekam Infusionen, um nicht bei der Hausarbeit zu kollabieren.

Der Körper ist ein feiner Gradmesser für viele Parameter. Oft meldet er als Erster, wenn etwas aus dem Gleichgewicht gerät. Mein Körper hatte damals alle roten Flaggen gehisst, wild mit den Armen gefuchtelt und mich förmlich angeschrien: *Emily, so geht das nicht weiter! Mach langsam, pass auf dich auf!* Mein Verhalten, mein Tempo, mein Lebensstil und mein Selbstverständnis – alles ging in die falsche Richtung. Die körperlichen Probleme, die ich entwickelte, deuteten auf etwas hin, das ich nicht wahrhaben wollte: Meine Seele war erschöpft. Alles, womit ich versuchte sie zufriedenzustellen, baute sie nicht auf. Etwas Grundsätzliches war verkehrt.

Ich glaube, jeder Mensch kommt irgendwann an diesen Punkt, wenn auch in verschiedenen Lebensabschnitten und aus

11

unterschiedlichen Gründen. Die Lasten sind nicht gleich verteilt, genauso wenig wie die Anpassungsfähigkeit des Einzelnen. Aber ich vermute, dass sich jeder irgendwann im Stillen fragt: *Ist das alles? War's das?* Weil das undankbar klingt, sagen wir es nicht laut, aber trotzdem ist diese Unzufriedenheit da.

Mein Leben entspricht nicht meinen Vorstellungen.

Der Job erfüllt mich nicht.

Meine Ehe macht mich nicht glücklich.

Der Kleiderschrank ist voller Sachen, die ich nicht anziehen kann.

Kinder zu erziehen ist komplizierter, als ich dachte.

Meine Kinder sind erwachsen. Was soll ich jetzt mit meinem Leben anfangen?

Wnn ich nur eine Sekunde innehalte, werden meine Teller, die ich alle gleichzeitig in der Luft halten will, zu Boden stürzen.

Fakt ist, nichts erhebt den Anspruch, uns langfristig zu befriedigen, weder Titel noch Partner, kein Erfolg und kein Kontostand. Erwarten wir Sinn und Erfüllung von den falschen Dingen und versuchen, davon unsere Identität abzuleiten, dann wird es kompliziert. Wenn unser Wert von unserem Tun abhängt, dann sind wir irgendwann einsam und sehr erschöpft.

Jesus fragte: „Bist du müde? Erschöpft? Ausgelaugt von zu viel Religion?" (Matthäus 11,28-30, nach der MSG)

(Ich glaube, „Religion" bedeutet hier nicht der Sonntagsgottesdienst und andere Gemeindeaktivitäten. Gemeint ist viel mehr das endlose Bemühen, sich die Gnade Gottes durch eigene Anstrengung verdienen zu wollen.)

Ja, ja!, antworten wir. Müde und voller Sehnsucht wollen wir hören, was auf diese barmherzigen Fragen folgt, und hoffen, dass uns eine kleine Ruhepause gewährt wird.

Wäre Jesus ein zeitgenössischer Motivationsredner, würde er vermutlich so klingen: „Nun, dann streng dich ein bisschen mehr an! Sei fokussiert! Schreibe dir fünfzehn motivierende Punkte auf, die du dir immer wieder vorliest. Gib alles! Du kannst dein Ziel erreichen!"

Wäre er ein moderner Skeptiker, würde er schulterzuckend erklären: „Lass dir von niemandem vorschreiben, was du tun sollst! Hör mit allem auf, was dir zu schwierig ist. Mach nur, was zu dir passt."

Ich mache mich ein bisschen lustig über das Thema, aber eigentlich habe ich recht, oder? Denn das sind die vorherrschenden Gedanken und wenn wir ehrlich sind, prägen sie jeden von uns. Entweder wir beißen die Zähne zusammen und bemühen uns noch mehr – oder wir geben auf. Wie gut, dass Jesus einen dritten Weg anbietet – eine heilige Einladung, die allen gilt, den Kämpfern und den Resignierten:

Komm zu mir, dann wirst du dein Leben neu entdecken. Ich werde dir zeigen, wie du dich wirklich ausruhen kannst. Geh mit mir mit und schau mir zu, wie ich es mache. Entdecke den natürlichen Rhythmus der Gnade. Ich werde dir nichts Schweres oder Unangemessenes auferlegen. Bleibe mit mir zusammen, dann wirst du lernen, frei und unbeschwert zu leben (Matthäus 11,28-30 – nach der MSG).

Was für eine schöne Einladung! Sanft und verheißungsvoll, weder fordernd noch kritisch und ohne Vorbedingungen. Ich las diesen Text, als ich maximal erschöpft war und dachte: *Wie gern würde ich mein Leben neu entdecken! Ich möchte mich wirklich ausruhen. Den natürlichen Rhythmus der Gnade kenne ich zwar nicht, aber ich stelle ihn mir sehr schön vor. Und ich möchte so gern frei und unbeschwert leben. Ich habe genug von meinem unfreien, beschwerten Leben.*

Kritzelkunst

Ich nahm die Einladung an und mein Leben veränderte sich radikal. Es geht dabei nicht nur um das Leben nach dem Tod, wenn wir für immer bei Gott sein werden, sondern um ein erfülltes Leben *im Hier und Jetzt*. Unser Leben muss nicht von

Unsicherheit, Selbstschutz und Überanstrengung geprägt sein, wir müssen nicht resignieren. Jesus führt uns aus der Dunkelheit in ein Leben der Fülle und der Freiheit. Wir können sicher wissen, wie verlässlich er ist und wozu er uns geschaffen hat.

Jesus *stattet uns* mit Liebe, Zugehörigkeit und Identität *aus, wir müssen dafür nichts mehr tun.* Er stellt uns wieder her und weist uns den Weg zum Leben. Statt Unsicherheit gibt er uns Zuversicht, die Angst ersetzt er durch Frieden. Wir empfangen unsere Identität und den Sinn unseres Lebens von ihm. Im Gegenzug stellen wir ihm unsere Gaben und Träume und unser ganzes Leben zur Verfügung, zu seiner Ehre und zum Wohl der Menschen.

Dieses Buch ist mein Geschenk an dich. Als ich auf die Vierzig zuging, erlebte ich viel innere Heilung und Veränderung, nachdem ich durch schwere Kämpfe ging, die aber einen gnädigen Ausgang fanden. Natürlich schmerzte es, als ich zu Boden ging, und über Jahre musste ich anschließend viele Gehorsamsschritte gehen, die anderen vielleicht seltsam vorkamen. Geist und Seele, Denken und Fühlen gingen durch Höhen und Tiefen, während ich innerlich erneuert wurde. Das war oft demütigend und erforderte einen ungeschönten Blick auf mich selbst. Wo hatte ich versucht, mich selbst zu erlösen? Wo hatte ich den Kopf in den Sand gesteckt, statt mich dem zu stellen, was auf mir lastete?

Es liegt nur ein schmaler Grat zwischen einem angestrengten Leben und dem Leben in Fülle. Ich war lange Zeit in eigener Kraft unterwegs, was mich in ein Burn-out und tiefe Unzufriedenheit führte. Aber auf der hellen Seite des erfüllten Lebens fand ich eine stille Zuversicht, nach der ich mich immer gesehnt hatte. Meine Lebensumstände haben sich nicht verbessert, manches ist heute schlechter als frühe, aber in mir herrscht Frieden. Ich kann frei atmen. Die Angst unterzugehen, ist verschwunden, ebenso wie der Anspruch, alles am Laufen halten zu müssen.

Farbe

Heute weiß ich, dass Gott freundlich und gut ist und uns in seinen großen Händen hält. Sein Wesen verändert sich nicht und was er über uns sagt, ist wahr: Er liebt und schätzt uns und hat gute Absichten für jeden von uns. Er möchte, dass andere Menschen durch uns ein wenig von ihm erkennen können.

Geistliches Wachstum bedeutet, Jesus ähnlicher zu werden und immer mehr von seiner Liebe, Freude und seinem Frieden erfüllt zu sein. Das ist ein lebenslanger Prozess. So schreibe ich meine Geschichte auf, während ich weiß, dass sie weitergehen und noch viel Gnade benötigen wird. Ich bin dankbar für die Möglichkeit, von meinen Erfahrungen in diesem Buch berichten zu können. Gleichzeitig bin ich gespannt, was Jesus weiter in unseren Herzen, Gedanken und Gefühlen tun wird, während wir ihm gemeinsam nachfolgen.

Ich hätte nie gedacht, dass mein Name einmal als Autorin und Illustratorin auf einem Buch stehen würde, denn erst vor Kurzem habe ich mir erst eingestanden, Künstlerin zu sein. Ich glaube, vielen geht es in Bezug auf ihre Gaben so. Wir denken, das Rampenlicht ist denen vorbehalten, die besser ausgebildet und begabter sind, der Elite. Darüber vergessen wir, in dem zu leben, was Gott für uns vorgesehen hat.

Ich wollte jedoch auf keinen Fall verpassen, die Person zu werden, als die Gott mich geschaffen hat. Das wünsche ich jedem von uns. Was aber ist das Anliegen dieses Buches? Sind es meine Memoiren? Irgendwie schon.

Palette

Jesus lädt uns zu einem erfüllten Leben ein und meine Geschichte illustriert diese Wahrheit. Ist es ein christliches Sachbuch? Ja, das auch. Jesu Wunsch, dass wir Teil seines Reiches werden, heilt und befreit uns. Ich wüsste nicht, über welches Thema ich lieber lesen und schreiben würde. Natürlich ist es auch ein Buch, das auf dem Wohnzimmertisch liegen kann, um im Alltag immer mal wieder darin zu lesen. Ich würde mich freuen, wenn es beim Durchblättern strahlen, Freude bereiten und auf Wahrheiten hinweisen würde.

Du bist eingeladen

Einladung

Doch vor allem wünsche ich mir, dass dieses Buch seine Leser im richtigen Moment erreicht, als freundliche Einladung, die uns befreit aufatmen lässt. Mögen meine Geschichten zeigen, dass die Identität eines jeden Menschen von einem vertrauenswürdigen Gott bestimmt ist und dass unser Wert nicht von unseren Leistungen abhängig ist. Wenn wir die Gaben, Fähigkeiten, Leidenschaften und Träume ausleben, die Gott in uns hineingelegt hat, ist das die beste Antwort, die wir auf die liebevolle Einladung Jesu geben können.

● ◆ ◗ ◆ ◗

Bist du müde? Oder innerlich irgendwie unruhig? Wenn du dir selbst gegenüber ehrlich bist, gibt es da diese unterschwellige Unzufriedenheit, die du vergeblich zu beheben, zu betäuben oder zu ignorieren versuchst? Sind da diese Fragen, die du nicht aussprechen möchtest, um ihnen kein Gewicht zu geben, wie: „Wer bin ich?", „Wozu bin ich auf der Welt?" oder „Erfülle ich die Erwartungen der anderen?" Wenn ja – vielen geht es so wie dir!

Diese Fragen und Gefühle sind nicht angenehm, aber wichtig. Schiebe sie nicht zur Seite. Es ist Gott, der an deinem Herzen zupft und dich in seine Fülle einlädt. Er will dich aus dem dumpfen „danke gut"-Leben herausführen, hinein in seine vollkommene Freiheit. Folge der Einladung in das leichte, unbeschwerte Leben, in dem du aufblühen, wachsen und gedeihen kannst. Es braucht Mut, sich darauf einzulassen, aber es ist die beste Entscheidung, die ein Mensch treffen kann.

19

TEIL EINS

EINGELADEN,
DAS LEBEN ZU ERGREIFEN

Löwenzahn

Nr. 1

WAS FÜR EIN CHAOS

Das Gleichnis vom Sämann kenne ich seit frühester Kindheit. Es steht in Matthäus 13, frei übersetzt klingt das etwa so:

Es war einmal ein Bauer, der hinausging, um zu säen. Wahrscheinlich trug er das Saatgut in einem Stoffbeutel über der Schulter, er hatte sonnengegerbte Haut und freundliche Falten um die Augen. So stelle ich ihn mir jedenfalls vor. Als er den Samen ausstreute, fiel dieser teilweise auf einen staubigen Trampelpfad. Die Vögel beobachteten das, kamen eilig und pickten alles auf. Ein Teil des Samens landete zwischen Schottersteinen, wo er gut keimen konnte. Dort war er vor den Vögeln und den Füßen der Menschen sicher. Allerdings konnten die jungen Pflänzchen kaum Wurzeln treiben, und als es heiß wurde, vertrockneten sie.

Ein weiterer Teil des Samens fiel ins Gestrüpp und keimte dort. Aber das Unkraut beanspruchte den ganzen Platz für sich. Wer kennt das nicht? Schließlich gab es noch den Teil des Samens, der auf fruchtbare Erde fiel. Sie war dunkel und locker, man möchte sie am liebsten durch die Finger rieseln lassen. Hier konnten die Pflanzen wachsen und gedeihen, Jahr für Jahr trugen sie reichlich Frucht. Wenn du Jesus in dein Herz einlädst, wird dein Leben so fruchtbar sein wie der Samen auf Boden Nummer vier.

Seit ich denken kann, habe ich diese Geschichte voller Zufriedenheit gelesen. *Es muss schlimm sein, wenn man Weg, Steine oder Dornen ist*, dachte ich und diese Menschen taten mir leid. *Ein Glück, dass ich der gute Boden bin.*

Aber ich hatte einiges falsch verstanden. Nicht jeder, der an Jesus glaubt, ist automatisch Nummer vier – auch wenn der Glaube an Jesus ein guter erster Schritt hin zum fruchtbaren Leben ist. Entscheidend ist, was wir mit der guten Nachricht anfangen und was sie in uns bewirkt.

Leute der Kategorie eins hören, dass Gottes Gnade sie erlösen will, wenden das aber nicht auf ihr Leben an und vergessen es bald wieder. Die zweite Gruppe lernt Gottes Kraft, Versorgung und Gnade kennen, aber nur oberflächlich. Kommen Herausforderungen, ziehen sie sich zurück: *Nein, das ist wohl doch nichts für mich.* Die dritte Gruppe, vom Unkraut überwucherter Boden, versteht die Botschaft und nimmt sie an. Eigentlich wunderbar. Aber die „Sorgen dieser Welt" und die „Verlockungen des Reichtums" (Matthäus 13,22) weichen den Entschluss, Jesus nachzufolgen, wieder auf. Liebe, Freude, Frieden, Geduld, Freundlichkeit, Güte, Treue, Sanftmut und Selbstbeherrschung, die geistlichen Früchte, kommen bei ihnen nie zur Reife. „Sie ziehen betrunkene Dinnerpartys dem Gebet, Macht der Frömmigkeit und Reichtum der Rechtschaffenheit vor" (Matthäus 13,22; ins Deutsche übersetzt nach der englischen Übersetzung „The Voice"). Autsch!

Bleibt noch der vierte, ideale Boden. Menschen dieser Herzensqualität ergreifen die gute Nachricht und erleben, wie Gott sie umsorgt und segnet. Sie folgen Jesu Vorbild, der sich immer wieder den kulturellen Gepflogenheiten seiner Zeit widersetzte.

Dabei entfalten sie ihre Gaben zum Wohl der Menschen und zur Ehre Gottes und führen ein erfülltes Leben.

Von klein auf war ich davon ausgegangen, zu Gruppe vier zu gehören. Jeden Sonntag trug ich meine schöne, hellblaue Bibel zur Kirche. An den Wänden meines Kinderzimmers klebten Bibelverse in Schönschrift. Ich wählte ein christliches College aus, besuchte drei Gottesdienste pro Woche und betete oft stundenlang in der kleinen Campus-Kapelle. Mein Hauptfach war „Leben und Lehre Jesu".

Ich war Teil der Frauen-Bibelgruppe und arbeitete in der Kleingruppe für Frischverheiratete mit. Zur Segnung unserer Kinder wählten wir für jedes einen bestimmten Bibelvers aus. Ich erhob meine Hände während der Anbetung und folgte dem Altarruf am Ende der Predigten. Ein Jahr lang war ich für den gesamten Kinderbereich der Gemeinde verantwortlich, als sich niemand anderes dafür fand. Ich gab alles. Wirklich.

Lange ahnte ich nicht, dass man bei voller Hingabe an Gott trotzdem innerlich leer bleiben kann. Meine Entschlossenheit und mein Fleiß gaukelten mir vor, Typ vier zu sein, während das Unkraut kräftig wucherte. So sehr ich mich auch mühte, Gott und die Menschen zu lieben, die dornigen Ranken der Ablenkung umfingen meine Knöchel und der Löwenzahn sandte seine

Samen des schnellen Glücks in jeden Winkel meines Gartens, scheinbar harmlos und so verlockend.

Dazu kamen die Sorgen des Alltags, groß und hässlich, denen ich zu trotzen versuchte. Ich schwankte zwischen Glauben und eigenem Bemühen und die Früchte, die denen verheißen sind, die aus der Verbindung mit Jesus leben, ließen auf sich warten. War ich zu nachlässig? Ich war errettet, aber noch nicht befreit. Das ist keine angenehme Erkenntnis. Aber jeder Veränderung geht eine ehrliche Bestandsaufnahme voraus. Hier setzt dieses Buch an.

Sind wir müde? Von schweren Lasten niedergedrückt? Was tun wir dagegen und wie gut greifen unsere Maßnahmen? Jesus lädt uns ein, zu ihm zu kommen und das Leben neu zu finden – verlockend für jeden, der auf der Suche ist. Vielen Christen geht es so: Wir möchten Jesus nachfolgen, ihn lieben, ihm dienen und so leben, wie es ihm gefällt – wenn da nur nicht das viele Unkraut wäre! Ohne es zu bemerken, sind wir in Gruppe drei geraten, wo Sorgen und Ablenkungen uns den Atem rauben und blühendes Leben nicht möglich ist. Der von Jesus verheißene tiefe Friede kann sich zwischen Angst und Unsicherheit nicht entfalten und wir fragen: *Ist das alles? Soll das ein erfülltes Leben sein?*

Wimpelkette

Sorgt euch um nichts,
sondern betet um alles.
Sagt Gott, was ihr braucht,
und dankt ihm.

PHILIPPER 4,6 (NLB)

Vor Jahren erwarb ich bei einer Haushaltsauflösung einen alten Stuhl mit geflochtener Rückenlehne und schön geschwungenen Holzbeinen. Ich liebte alles an ihm. Nur die gepolsterte Sitzfläche war unbrauchbar. Der Bezug war fleckig, morsch, teilweise gerissen. Aus einem großen Loch in der Mitte quoll das Füllmaterial. Die Bänder, von denen die Sprungfedern in Position gehalten werden sollten, existierten nicht mehr, die Federn drückten an mehreren Stellen nach außen. Man konnte unmöglich darauf sitzen, aber ich war zuversichtlich. *Das werde ich schon hinkriegen*, dachte ich und machte mich ans Werk. Ich bin ein praktischer Typ.

Zuerst entfernte ich den alten Stoff. Dann fixierte ich die Sprungfedern in der richtigen Position. Darüber kam neues Füllmaterial und dann befestige ich einen neuen Bezug. *Wunderbar! Ein neuer Stuhl!*

Er sah gut aus – wenn man nicht zu genau hinschaute und die Beule in der Mitte ignorierte –, aber er war immer noch schrecklich unbequem. Die eigenwilligen Federn taten nicht, was ich wollte. Eigentlich hätte ich noch einmal von vorn anfangen, die Federn besser fixieren und mehr Polstermaterial verwenden müssen, doch das war mir zu viel Aufwand. Also legte ich ein Lammfell darüber und beschloss, das musste ausreichen. Seither steht der Stuhl an der Stirnseite unseres Esstisches und sieht sehr dekorativ aus. Aber wenn Besuch kommt, lasse ich ihn im Nebenzimmer verschwinden, damit sich niemand draufsetzt.

28

Stuhl

Gehen wir mit uns selbst nicht oft genauso um? Auf den ersten Blick sieht alles ganz gut aus. Dann gestehen wir uns ein, wie reparaturbedürftig manches ist. Also versuchen wir, die Mängel zu beseitigen, so gut es geht, und den Rest decken wir zu. Wir verschließen die Augen vor der Tatsache, dass man auf diesem Stuhl nicht sitzen kann. Weil er so schön aussieht, hoffen wir, dass keiner sich draufsetzt. Übertragen gesehen heißt das, wir behaupten, es ginge uns gut, auch wenn es glatt gelogen ist. Wir wurden in Gottes Ebenbild geschaffen, um der Welt seine Herrlichkeit zu zeigen, aber mit verbogenen, widerspenstigen Federn, zu wenig Polsterung und einer stümperhaften Reparatur gelingt das nicht.

Wie gut ich das kenne! Den größten Teil meines Erwachsenenlebens manage ich mehr schlecht als recht. Ich liebe meinen Mann, bin begeistert von unseren vier Kindern, freue mich über meine kreative Begabung und tue viel für Gott. Gleichzeitig habe ich ein gravierendes Identitätsproblem. Wie eine störrische alte Feder kommt meine Unsicherheit immer wieder an die Oberfläche. Dann drücke ich sie zurück und versuche, sie zu fixieren, sodass man sie nicht mehr sehen kann.

Mein Erscheinungsbild ist nicht schlecht, von außen betrachtet. Wenn ich versuche, mich mit den Augen der anderen zu sehen und daraus Selbstwert zu ziehen, vertraue ich der Anerkennung meiner Mitmenschen, statt meine Identität von meinem Schöpfer abzuleiten. Merke ich, dass ich an mir arbeiten muss, dann tue ich nur das Nötigste. Ich verdränge die Fakten und weigere mich, alles auseinanderzunehmen und von Grund auf zu erneuern.

Damit aus meinem alten Stuhl doch noch ein gemütlicher Sitzplatz werden kann, muss alles Alte entfernt und fachgerecht erneuert werden. Ist es mit unserem Leben nicht ähnlich? Wir können unser Zeitmanagement verbessern, Achtsamkeit lernen, innere Stärke entwickeln und immer zuversichtlich wirken, aber dadurch werden wir keine echte Heilung und Zufriedenheit oder Wiederherstellung erleben. Freude, Frieden und Liebe gedeihen nicht zwischen Ablenkung, Ängsten und Identitätsfragen. Selbstwert jedoch finden wir bei unserem Schöpfer, nur er kann im Innersten unseres Herzens die ursprüngliche Vollkommenheit schaffen.

Jesus hat nie gesagt, dass wir eine schöne Decke über unser verbeultes Herz legen und das dann für gut genug halten sollen. Nein, er will uns eine Identität und unserem Leben einen Sinn geben. Er kann unser kostbares, verbogenes Leben wiederherstellen, er schenkt uns Hoffnung, Freiheit und Ruhe. Egal, zu welcher Bodensorte wir gehören, Jesu Einladung gilt jedem von uns: „Komm zu mir. Komm mit mir, dann wirst du dein Leben neu entdecken (Matthäus 11,28-30, MSG).

Gibt es Lebensbereiche, die wir neu entdecken wollen? Haben wir es satt, unseren Wert aus unserer Leistung und der Meinung anderer abzuleiten? Wenn Unsicherheit sich an die Oberfläche drückt, wie reagieren wir? Sind wir nur erlöst oder auch befreit? Jesus ist bereit, unser Leben von Grund auf in Ordnung zu bringen.

Wecker

Nr. 2

SELBSTERKENNTNIS
IM REISEBUS

Als ich fünfunddreißig Jahre alt war, ahnte ich nicht, dass mein Leben sich ändern musste, schließlich ging es mir gut. Ich hatte einen liebevollen Mann, vier gesunde Kinder, ein schönes Haus in einer guten Gegend und viele Freunde. Außerdem waren wir Teil einer wachsenden Kirchengemeinde. Mein Blog war ebenso erfolgreich wie meine Firma, über die ich meine kreativen Produkte verkaufte. Ich war wunschlos glücklich, denn die Realität übertraf meine kühnsten Träume. So sah ich mich selbst – bis zu jener Busfahrt in Ruanda.

Afrika war mein Sehnsuchtsort – lächelnde Menschen, farbenfrohe Kleidung, wohltönende Sprachen, faszinierende Kulturen und wilde Tiere. Alles lag weit außerhalb amerikanischer Normen. Wurde in meiner Gemeinde ein Film über Afrika gezeigt oder Missionare erzählten von ihrer Arbeit dort, dann schlug mein Herz heftig und meine Augen wurden feucht. Ich wollte mithelfen. Dienen. Der Schönheit und dem Leid begegnen. Als dann die Gelegenheit kam, Ruanda zu bereisen, war ich sofort dabei.

Die Reise war kein Missionseinsatz, sondern anlässlich des zwanzigsten Jahrestages des Völkermordes an den Tutsis sollte auf das Engagement zweier Organisationen im Land aufmerksam gemacht werden: der *International Justice Mission (IJM)* und der *Noonday Collection*, einem internationalen Fairtrade-Unternehmen für Schmuck und Kunsthandwerker. Eingeladen waren bekannte christliche Autoren, Geistliche, Vertreter des IJM-Teams, zwei erfolgreiche Noonday-Vertreterinnen, eine nette junge Frau, die ihr Ticket bei einem Preisausschreiben gewonnen hatte – und ich, die Lifestyle-Bloggerin. Wir fühlten uns wie moderne Journalisten, berichteten über die Anstrengungen zum Wiederaufbau des Landes und warben für weitere Unterstützung.

Jeden Morgen krochen wir unter unseren Moskitonetzen hervor, legten massenweise farbenfrohen Noonday-Schmuck an, stiegen die Betontreppe hinauf zum Dachgarten unseres kleinen, exquisiten Hotels, wo ein Buffet mit hervorragend zubereitetem Kaffee, exotischen Früchten, sehr trockenem Toast und einer Auswahl von Brotaufstrichen wartete. Wir frühstückten unter roten Sonnenschirmen und erfuhren die Pläne für den Tag.

Es ging von einem wichtigen Ereignis zum nächsten: Begegnung mit einer Gebetsgruppe von sexuell missbrauchten Frauen, Treffen mit den Näherinnen einer Ladenkette, Einladungen in private Häuser, feierliche Besuche von Gedenkstätten, Teilnahme an der Einweihung des Hauses eines IJM-Anwalts, der den Völkermord als Junge überlebt hatte und nun für Gerechtigkeit in seinem geliebten Land kämpfte. Unsere Tage waren randvoll und es war eine Ehre, Teil dieser Gruppe zu sein.

Unter den Teilnehmern waren viele Prominente, aber keiner

musste sich hervortun. Alle waren freundlich, gaben aufeinander acht, interessierten sich füreinander und waren überzeugt von der Wichtigkeit unserer Tour. Ein Bus brachte uns von einer Station zur nächsten, wobei die Plätze auf jeder Etappe neu belegt wurden, damit man viele Reiseteilnehmer kennenlernen konnte. Im Laufe des Tages wurden die Gespräche ruhiger, und wenn die Straße viele Schlaglöcher hatte oder der Bus den Fußgängern und gelegentlichen Kühen schwungvoll auswich, verstummten sie ganz und man krallte sich am Sitz des Vordermannes fest.

Gegen Mitte der Woche, nach einem weiteren Tag der Besichtigung von Leid und Hoffnung, sollte der Bus uns zum Abendessen in die Altstadt von Kigali bringen. Ich war als Erste am Bus und setzte mich in eine Reihe im vorderen Drittel. Die anderen folgten, der Bus füllte sich und als alle ihre Plätze eingenommen hatten, begannen die Gespräche – nur der Platz neben mir blieb leer.

Salzige Tränen und ein heftiger Schmerz in der Brust überraschten mich. Wie albern, wegen so etwas zu weinen. Hatte ich Heimweh? Belastete mich die Armut, die uns überall begegnete? Nein, ich war am Boden zerstört, einfach nur, weil sich niemand zu mir gesetzt hatte. Ich vergrub mein Gesicht in den Händen, meine Schultern bebten. *Warum will niemand neben mir sitzen? Bin ich nicht interessant genug? Nicht lustig, nicht berühmt, einfach nicht der Rede wert? Zu introvertiert? Langweilig?* Eine Woge der Unsicherheit, die sich nicht mehr zurückdrängen ließ, riss mich mit sich fort.

Ein paar Tage zuvor hatte eine in der Gruppe sehr beliebte Frau erklärt, sie hätte eine Abneigung gegen die „Lammfrommen". Mit diesen Sanften und Zarten konnte sie nichts anfangen, ihr waren starke, kantige Persönlichkeiten lieber, die mit ihrer Meinung nicht hinter dem Berg hielten. Aber ich bin ein lammfrommes Seelchen und so fühlte ich mich auf dieser Busfahrt nicht nur wie eine Heulsuse, sondern auch wie das verlorene Schaf, für das der Hirte die neunundneunzig anderen allein ließ. Doch leider bemerkte keiner, dass ich verloren gegangen war. Niemand vermisste mich, man hatte mich wohl bisher noch gar nicht bemerkt, ich war unbedeutend, unbekannt und fühlte mich abgelehnt.

Beim Abendessen erkundigte sich eine freundliche Frau nach der Ursache für meine geröteten Augen und die verschmierte Wimperntusche. Die Arme, denn daraufhin erzählte ich ihr meine komplette Lebensgeschichte. Am Ende sagte sie etwas, das ich nie vergessen werde: „Das klingt so, als wäre in deinem Leben alles gut. Aber vielleicht könnte es noch besser sein?" Das traf mich mitten ins Herz. Sieht sich nicht jeder irgendwann dieser Frage gegenüber? *Vielleicht könnte es noch besser sein?*

Völlig klar, dass in der westlichen Welt damit kaum Materielles gemeint sein kann. Mehr Zeug, das unsere Wohnung füllt, mehr Essen für unseren Bauch – davon wird das Leben nicht *besser*. Auch wenn wir stundenlang durch Apps scrollen, Serien schauen und vielen Aktivitäten nachgehen, wird unser Leben nicht sinnvoller. Ein besseres Leben hat nichts mit Kleidung oder Immobilienbesitz zu tun, weder Traumkarriere noch Traumpartner tragen dazu bei. Das bessere Leben gehört auch nicht denen, die an der besten Schule waren, viele Freunde

Kaffee

haben oder neben denen im Bus nie ein Platz leer bleibt. „Mehr" hat nichts mit „besser" zu tun. Auch „weniger" hilft nicht (sorry, liebe internationale Minimalisten-Gemeinschaft). Alles Äußere ist hier wirkungslos.

Dennoch …

Die Versuchung ist groß, von schönen Sachen ein schöneres Leben zu erwarten: Die Arbeit, meine Ehe, unsere Kinder, das Einfamilienhaus, entschlossenes Ausmisten und die Amazonpakete – das ist für mich Glück, mein schönes Leben, um das sich alles dreht. Früher wusste ich noch, dass es nur *gute Dinge* waren, doch unmerklich waren sie zum *Lebensinhalt* geworden, zu meiner Identität und meinem Wert, sie hatten begonnen, meinen sozialen Status zu definieren. Ich streckte meine Arme aus nach allem, was ich zu fassen bekam, stopfte mein Leben voll, wollte besitzen, war stolz auf alles, was ich mein Eigen nannte.

Ich war in Gefahr, an den guten Dingen zu ersticken, während ich versuchte, meine Bedürfnisse von ihnen stillen zu lassen. Ich erwartete von Äußerlichkeiten meine Befriedigung und Identität und verlieh ihnen eine Macht, die sie niemals haben sollten. Das gute Leben war eine Falle, ich saß fest.

Das Streben, immer mehr von allem anzuhäufen, lenkte meine Aufmerksamkeit von den Verletzungen und der Unsicherheit ab, die unter der Oberfläche lauerten. Auf den ersten Blick schien es so, als hätte ich alles im Griff, aber das verletzte, verängstigte kleine Lamm, dem alles zu entgleiten drohte, wurde immer sichtbarer.

Lamm

Irgendwann kommen die meisten an diesen Punkt. Manchmal zwingt uns das Leben, der Realität, nämlich, dass die Welt, die wir uns gezimmert haben, gar nicht unseren Vorstellungen entspricht, ins Auge zu sehen. Wir sehen all das Gute (was wirklich gut ist), doch innen nagt die Unzufriedenheit. Wir suchen im Äußeren nach den Ursachen: *Vielleicht habe ich die falschen*

Freunde? Vielleicht ist mein Haus zu klein, zu renovierungsbedürftig, zu unaufgeräumt oder in der falschen Stadt? Wenn mein Kontostand eine Null mehr hätte oder wenn ich mehr Zeit hätte – vielleicht auch einfach nur mehr Schlaf? Dann wäre bestimmt alles besser.

Glück wird zum höchsten Gut erhoben und wir halten uns selbst für unseres Glückes Schmied. Also liegt es an uns, die Situation zu verbessern. Wir geben alles, versuchen, es allen recht zu machen und jagen unseren Träumen nach. Hektisch reihen wir eine Aktivität an die andere, immer auf der Suche nach Sinn und Erfüllung, nur um immer wieder enttäuscht zu werden. Die Verunsicherung nimmt zu, wir sind unbefriedigt und zunehmend erschöpft.

Dabei sehen wir von außen betrachtet so gut aus. Auf Instagram ist unser Leben attraktiv, aber der Glanz ist nicht echt, die Wahrheit darf keiner sehen. Mühsam halten wir Fragen, Zweifel und Ängste zurück. Wer will sich schon damit beschäftigen? Wir ignorieren das Unbehagen, gehen den eingeschlagenen Weg weiter und hoffen, dass unser Glück zunimmt, wenn wir die Augen vor der inneren Realität verschließen.

So habe ich gelebt, verdrängt und verleugnet, bis zu jenem Tag in Afrika, als mir plötzlich klar wurde, wie unsicher ich tatsächlich war. An diesem Tag erwachte ich und verstand: Ich suchte das bessere Leben, aber an den falschen Orten und auf die falsche Weise.

Ich hatte geglaubt, dass ich in Afrika die heldenhafte Helferin sein würde, doch tatsächlich war ich in Ruanda, um gerettet zu werden. Meine Vorstellungen von einem guten Leben und meine Anstrengungen, es zu erreichen, beraubten mich der wahren Freiheit und des erfüllten Lebens. Ich war gefangen in Leistungsdenken und Unsicherheit, abhängig von der Wertschätzung und dem ständigen Zuspruch anderer. Schlagartig erkannte ich, dass ich bisher weder meine Identität noch meine Lebensziele gefunden hatte. Selbstbetrug kann heimtückisch sein und uns weit von unseren inneren Verletzungen und unserer Sehnsucht nach Gott entfernen.

Es gibt dieses bessere Leben, ein von tiefem Frieden erfülltes Sein, zu dem Jesus uns einlädt. Auf dem Weg dorthin müssen wir uns allem stellen, was unter der Oberfläche schwelt. Neue Schuhe, Erfolge der Kinder, Karriere oder ein Urlaub am Meer werden uns nicht weiterbringen. Das wollte mir die Frau beim Abendessen in Kigali vermutlich sagen: „Emily, vielleicht wird die Auseinandersetzung mit deinen Unsicherheiten und Fragen dich weiter bringen, als du dir vorstellen kannst. Vielleicht solltest du nicht mehr sagen, *danke, es geht mir gut.*" Sie hatte recht.

Wir müssen uns die Frage stellen: Kann unser Leben besser werden als alles, was wir uns bisher vorgestellt haben, wenn wir uns der eigenen Unsicherheit und allen insgeheimen Fragen stellen? Jesus erwartet uns mit ausgebreiteten Armen, besonders dann, wenn wir schwere Lasten tragen. Er verspricht, uns zu sich zu ziehen und uns zu heilen. Der Wandel beginnt, wenn wir uns in aller Demut eingestehen, dass er das alles besser kann als wir selbst. Es ist Zeit, nach dem Besseren zu streben, mit Jesus mitzukommen und das Leben neu zu entdecken.

Denn er hat
die durstende Seele gesättigt,
die hungernde Seele
mit Gutem erfüllt.

PSALM 107,9 (ELB)

Champagner

Nr. 3

MIR GEHT'S GUT

(MIR GEHT'S NICHT GUT)

An Neujahr ein Motto-Wort für das neue Jahr zu wählen, ist im Trend, und ich finde das ist eine gute Idee. Es kann unsere Wünsche fürs nächste Jahr beschreiben oder das, was uns gerade bewegt. Dieses Wort kann aber auch eine Eigenschaft sein, die wir stärker entwickeln wollen oder ein Gedanke, der uns noch lange nach Silvester motiviert. Mit guten Vorsätzen habe ich schlechte Erfahrungen gemacht und ich bin nicht der Typ, der große Ziele eisern verfolgt. Außerdem komme ich mit unerfüllten Erwartungen nicht gut klar, aber das Wort fürs Jahr, das passt zu mir.

Für das Jahr, das auf meine Ruanda-Reise folgte, wollten mein Mann Ryan und ich uns jeder ein solches Wort überlegen. Romantisch veranlagt, wie ich bin, nahm ich an, wir würden uns beim Schein des Kaminfeuers gegenübersitzen und bei sanfter Musik und einem Glas Wein zärtliche Blicke austauschen. Dann würden wir bis drei zählen und gleichzeitig unsere Worte aussprechen. Da zwischen uns eine innige Verbundenheit besteht, würden wir natürlich das gleiche Wort wählen. Anschließend würden wir einander wissend anlächeln, uns küssen und Hand in

Hand dem Sonnenuntergang entgegengehen, hinein in unsere glückliche Zukunft. Cut – ok, ja, ich schaue viele Serien.

Aber es kam ganz anders. Zunächst ist unser Kaminfeuer eins, das auf Knopfdruck entsteht und keine Wärme erzeugt, dann schauten wir uns auch nicht tief in die Augen, weil viel zu peinlich, und zu guter Letzt mag ich auch gar keinen Wein.

Stattdessen lief unser Jahres-Motto-Gespräch so: Wir hatten endlich die Kinder ins Bett gebracht und das Geschirr zum Abtropfen neben der Spüle aufgetürmt, als einem von uns plötzlich einfiel: „O, wir müssen uns ja noch unsere Worte zum neuen Jahr sagen."

Ich war schneller: *„Angekommen."*

Ryan lachte und erklärte: *„Krasser Typ."*

Kein Witz, das war sein Wort. Ich fand das weder rührend noch romantisch und auch nicht geeignet, um es schön gestaltet als Schriftzug an die Wand zu hängen. Außerdem wich es erheblich von meinem Wort ab. Genau genommen war es das *Gegenteil* von meinem Wort. Falls mein Wort ein Jahr der Ruhe, Sicherheit und Geborgenheit andeutete, hoffte er wohl eher auf Abenteuer, Spannung und Mutproben.

Ich will Erwartungen erfüllen, alles richtig machen und immer freundlich sein. Wenn ich gelobt werde und niemand von mir enttäuscht ist, dann ist meine Welt in Ordnung. So bin ich nun mal. Es gibt dieses Gruppenfoto aus dem Kindergarten, auf dem eine Horde wilder Kinder mit abgewetzten Schuhen, frech grinsenden Gesichtern und zerzausten Locken zu sehen ist. Mitten in der Gruppe sitze ich, hochaufgerichtet, unbeeindruckt von dem mich umgebenden Chaos, den Kopf anmutig geneigt, mit perfekten Haaren und einer sauberen, weißen Strumpfhose, die gefalteten Hände liegen im Schoß. Ich war erst vier, aber ich hatte verstanden, dass der äußere Eindruck wichtig war.

Das Wort „angekommen" war für mich kein neues Konzept, sondern eine Sehnsucht, die mein Leben durchzog. Frieden ist mir wichtig – oder zumindest die reduzierte Form davon, im Sinn von „kein Streit". Ich halte meine Außenseite in Ordnung, um mein Inneres davon zu überzeugen, dass Frieden herrscht. Angekommen zu sein, bedeutet für mich, dass alles in Ordnung ist. Was dem zuwiderläuft, zwinge ich dazu, zumindest so auszusehen, als ob es gut wäre.

Socken

Wer kennt das nicht? Die Freundin ruft an, um zu sagen, dass sie gerade in der Nähe ist und kurz vorbeikommen könnte. Da kann man nicht Nein sagen. Aber bis die Klingel ertönt, lässt man alles, was herumliegt, in dem Schrank im Flur verschwinden und

hofft, dass man keine Socken unter dem Sofa übersehen hat. *Uns geht's gut, danke. Alles super. Wie du siehst, habe ich alles im Griff.* Oh ja, darin bin ich richtig gut.

Ich habe das von meiner Oma. Als mein Onkel, ihr ältester Sohn, die Diagnose amyotrophe Lateralsklerose (ALS) erhielt, was mit einer geringen Lebenserwartung verbunden war, kam die ganze Familie zusammen und betete für ihn um Heilung. Taschentücher wurden herumgereicht und Trauer und Schmerz einten uns, während wir Gott um übernatürliche Heilung baten.

Doch irgendwann stand meine Oma vom Sofa auf, klatschte kurz und erklärte dann: „Genug gebetet. Das wird schon werden. Jetzt wollen wir wieder über andere Dinge reden." *Themenwechsel!*

So lernen wir im Laufe des Lebens, dass man wahlweise den Kopf in den Sand stecken oder die unliebsamen Themen unter den Teppich kehren kann. Schon sind sie verschwunden! Ich kannte meine Oma gar nicht anders, sie trug stets knallroten Lippenstift, sah alles grundsätzlich positiv und achtete immer darauf, was andere dachten. So lebte sie und lange bewunderte ich sie dafür. Sie war überall beliebt, hilfsbereit, eine liebenswürdige Gastgeberin und erzählte jedem, der sich auf ihre Veranda setzte, wie wunderbar jedes ihrer Familienmitglieder war.

Aber wenn sie mich bat, ihren Rücken zu massieren, dann war es, als hätte ich Beton unter den Fingern. Ihre Schultermuskeln waren steinhart. Ob wohl ihr Bemühen, stets alles für alle richtig zu machen, wie eine schwere

46

Last auf ihren Schultern lag? Wenn schon ihr Rücken so verhärtet war, wie mochte es dann ihrer zarten, verletzlichen Seele ergangen sein? Belastet, bedrückt, in tausend Verpflichtungen gefangen, immer verantwortlich, eine Gefangene ihrer selbst? Ich bewundere vieles an meine Oma, aber diese Entschlossenheit, immer alles im Griff zu haben, halte ich für falsch.

• • • • •

In jenem Jahr bemerkte ich, wie mich der Wunsch, *angekommen zu sein*, unter Druck brachte. Ich wurde immer mehr wie meine Oma, bemüht, den guten Anschein aufrechtzuerhalten, statt den tiefen Frieden zu suchen, der aus Authentizität, Sicherheit und Wohlbefinden erwächst. Es war mir zur Gewohnheit geworden, das Unschöne zu überspielen oder zu ignorieren. Bis dahin war mir das nicht bewusst gewesen, aber nun fiel es mir auf und störte mich. Ich hatte zu viel in den Flurschrank meiner Seele gestopft, Zeug, das dadurch nicht verschwunden war und unter dem Sofa waren die Socken zu sehen.

Ich habe in bester Absicht gehandelt und will mein damaliges Ich nicht anklagen, aber ich will aus der Rückschau lernen. Unser Denken und Fühlen wird von dem geprägt, womit wir uns beschäftigen, und durch die Sichtweisen, die ich von anderen übernommen hatte, war ich zu einer Person geworden, die ich nie hatte werden wollen.

So schlich ich rund um die Uhr wie auf Zehenspitzen um Ryan herum, ständig bemüht, ihn bloß nicht zu enttäuschen. *Wenn ich keinen Fehler mache*, dachte ich, *wenn es zu Hause immer sauber und ordentlich ist und wenn die Kinder sich gut benehmen, wenn ich*

mich immer sofort für alles entschuldige und eine angenehme Art und
ein attraktives Äußeres habe, dann wird er mich lieben. Ich tat alles, um ihm zu gefallen und ich konnte einfach nicht genug Bestätigung bekommen. Was für eine Katastrophe, wenn das die Basis einer Partnerschaft und die Grundlage der eigenen Identität ist. Ryan hatte sich aus freien Stücken dazu entschieden, mich zu lieben und zu heiraten. Abgesehen von den normalen Dingen, die zwei Menschen klären müssen, die unter einem Dach leben, gab es keine Konflikte zwischen uns. Er hat niemals auch nur ansatzweise angedeutet, dass er es bedauerte, seinen Namen und sein Leben mit mir teilen zu müssen. Trotzdem hegte ich die größten Zweifel an seiner Liebe und Annahme mir gegenüber.

Ich vermied jedes Gespräch, das Konfliktpotenzial enthielt, auch mit denen, die mir nahestanden (mit ihnen *besonders*). Ich unterdrückte meine Gefühle, wenn ich zu Recht verletzt war, schwieg und ließ mir nichts anmerken. Gleichzeitig wuchs in mir dieses Gefühl der Wertlosigkeit und ich fühlte mich abgelehnt. Vielleicht lag es doch an mir? Also versuchte ich umso entschlossener, niemanden zu enttäuschen und Lob und Anerkennung zu bekommen.

Meine Ansprüche an mich selbst spielten verrückt. Wie sollte ich jemals diese Ehefrau, Mutter, Freundin und Person werden, die ich dachte, sein zu müssen? Ich fühlte mich rundum als Versagerin. Auch wenn mein Mann, meine Kinder, Freunde und meine Online-Community mich lobten, die kritische innere Stimme war lauter, überzeugender und setzte mir schwer zu. Sie trieb mich immer weiter voran und drängte mich, meinen Wert unter Beweis zu stellen.

Allmählich fiel es mir immer schwerer, den äußeren Schein aufrechtzuhalten und gleichzeitig all das zu verbergen, was in meinem Inneren vor sich ging. Ich mochte die Person, zu der ich geworden war, überhaupt nicht, ignorierte meine Bedürfnisse, wurde immer perfektionistischer, hungerte nach Anerkennung und hatte panische Angst zu versagen. Allmählich vergaß ich, wer ich eigentlich war, und verletzte die Menschen, die ich am meisten liebte.

Es ging mir nicht gut, auch wenn ich es mir einzureden versuchte. Ich wäre gern bei mir und in meinem Leben *angekommen*, aber ich entfernte mich immer weiter von der Ruhe, nach der ich mich sehnte. Stattdessen wäre Ryans Wort des Jahres für mich heilsam gewesen. Doch mir fehlte es an Mut, um mich all dieser selbstauferlegten Bürden zu entledigen und tiefe Authentizität, wahren Frieden und echte Sicherheit zu finden.

Tasse

Jeder hat so seine Sammlung von Überzeugungen und Verhaltensweisen, die uns bisher durchs Leben gebracht hat. Doch während wir uns auf ein Leben der Fülle zubewegen wollen, ist es nötig, diese Dinge bewusst zu hinterfragen. Nur weil wir uns

49

an sie gewöhnt haben, müssen sie nicht gut sein. Mögen wir das, was uns ausmacht, wenn wir es bei Licht betrachten? Sind die Ziele, die wir verfolgen, wirklich unsere Ziele? Reden wir uns und anderen nur ein, dass es uns „gut" geht? Brauchen wir Beziehungen, Besitz oder Erfolg, um uns wertvoll zu fühlen? Wie geht es uns *wirklich*?

Verlieren wir nie das Versprechen Jesu aus dem Blick: „Kommt zu mir. Kommt mit mir, dann werdet ihr euer Leben neu entdecken."

Wir dürfen es zugeben, wenn es uns nicht gut geht. Das ist der erste Schritt in die Freiheit.

Blumenkasten

Wir alle aber
schauen mit aufgedecktem Angesicht
die Herrlichkeit des Herrn an
und werden so verwandelt
in dasselbe Bild
von Herrlichkeit zu Herrlichkeit,
wie es vom Herrn,
dem Geist, geschieht.

2. KORINTHER 3,18 (ELB)

Seestern

Nr. 4

WER BIN ICH?

Ich saß allein im warmen Sand, umschlang meine Knie und lauschte dem Rauschen der Wellen. Sie kamen und gingen, schlugen ans Ufer und rollten wieder zurück. Mein Atem wurde langsam und passte sich ihrem Rhythmus an. Ihr Rauschen übertönte alles. Der tiefblaue Ozean erstreckte sich bis zum Horizont. Es waren nur noch wenige Personen am Strand, denn die Wassersportler und Badegäste hatten sich bereits zurückgezogen. Ich konnte niemanden beeindrucken. Musste nirgendwo sein. Es war still, bewegt, kraftvoll.

Mein Herz war schwer, gefangen in einem wirren Gespinst, das sich von Tag zu Tag enger um mich legte. Eigentlich hätte ich jetzt bei Ryan und den anderen sein sollen, mit denen wir Urlaub machten, aber ich hielt den zunehmenden Druck nicht mehr aus. Zu viel Traurigkeit und Enttäuschung. Ich musste allein sein, weinen, nachdenken und versuchen, endlich loszulassen. Reglos starrte ich in die Weite vor mir, während Fragen und Sorgen einander jagten und ich zu beten begann. Ich fühlte mich sehr klein, aber ich fühlte mich auch gesehen.

Ich denke, jeder kennt die Funktion von Google Earth, wenn man zum Beispiel den Eiffelturm eingibt und die Kamera dann blitzschnell immer näher heranzoomt, als würde man dem gesuchten Ort entgegenfliegen. Von Gott bemerkt, gesehen, gefunden zu werden, stelle ich mir genauso vor. Er gibt meinen Namen ein. Zuerst wird unser Planet erkennbar, der sich in der von Sternen erfüllten Finsternis des Universums bewegt. Die Erde kommt näher, man sieht das Blau der Meere und das

Globus

Braun-Grün des Landes. Die Kamera bleibt über dem Pazifik stehen, eine winzige vulkanische Insel kommt ins Bild. Jetzt ist die Vergrößerung so stark, dass man eine hellhäutige Frau sehen kann, die am Strand sitzt und ihre angewinkelten Beine umfasst. Sie hat Ruhe gefunden, Mut gefasst und die schwerste Frage ihres Lebens gestellt.

Wer bin ich?

Ich hatte mich selbst verloren – in all dem Bemühen, mich Beweisen, Arbeiten, im Lieben, Dienen und Geben, bei dem Versuch, den Kindern, dem Job und der Hausarbeit gerecht zu werden, bei meinen Ehrenämtern, Gemeindeaktivitäten und Nachbarschaftstreffen, zwischen den Sorgen und Verletzungen, den guten und den schlechten Entscheidungen, der Unordnung und dem Schönen. Das mag seltsam klingen. Ich wusste doch, wer ich war: Emily – Tochter, Schwester, Mutter, Ehefrau, Autorin, Künstlerin. Ich habe rote Haare und am rechten Fuß einen nach unten gekrümmten Zeh. Wenn ich in die Sonne schaue, muss ich niesen. Ich mag keine Haferflocken und kein Hühnchen mit Knochen, aber ansonsten fast alles.

Wenn mein Eisenspiegel fällt, kaue ich Eiswürfel. Ich schlafe gern, mag Jeans lieber als Kleider und einfarbige Sachen mehr als gemusterte. Ich liebe Blumen und wenn mein Kaffee nicht koffeinfrei ist, fange ich an zu zittern. Ich habe eine schöne Handschrift und liebe Kinder. Das ist alles wahr, aber es ist nur ein Teil der Wahrheit.

Wer bin ich, wenn meine Haare nicht mehr rot, sondern grau sind, mein Mann mich verlässt, ich aufhöre zu schreiben oder plötzlich anfange, Haferflocken zu essen (sehr unwahrscheinlich, aber mal nur zur Veranschaulichung)? Wer wäre ich dann? Wenn alles Äußere weg wäre und nur noch ich da wäre, ohne Titel, Etiketten, Geschichten, Masken und Make-up – *was wäre das für eine Person?* Noch schwieriger: Würde diese Person genügen?

Wer bin ich? Ich rief es flüsternd dem Ozean entgegen. Ich hatte lange gewusst, dass dieser Moment kommen würde. Früher oder später.

Als Mason, unser dritter Sohn, vier war, fing er an zu schlagen. Er war ein süßer, temperamentvoller Knirps, aber da er zwei ältere Brüder hatte, kämpfte er auch immer mit vollem Körpereinsatz darum, Schritt zu halten. Sein aggressives Verhalten trat weder in der Vorschule noch gegenüber seinen Geschwistern auf – er schlug nur mich. Nicht schön, denn zu allem Übel kamen seine Attacken aus dem Nichts. Plötzlich hieben seine Fäuste auf meine Beine ein. Meinen Gute-Nacht-Kuss erwiderte er mit wilden Armbewegungen, traf meine Schultern, auch meine Wangen. Das tat richtig weh, körperlich und seelisch. Ich war irritiert und besorgt.

Und ich setzte jeden verhaltenstherapeutischen Rat um: Ich ging in die Knie, nahm Blickkontakt auf, und in Augenhöhe erklärte ich ihm, dass es falsch ist, Mami zu schlagen. Er bekam Auszeiten im Treppenhaus. Ich entzog ihm Privilegien, nichts half. Meine Freundin, die als Sozialarbeiterin mit gefährdeten Teenagern arbeitet, riet mir, einen Kinderpsychologen aufzusuchen und sein Wut-Problem zu thematisieren. Ich wusste nicht, warum er mich schlug, aber Wut – nein, das war es nicht. Jedenfalls nicht nach meinem Bauchgefühl.

Eines Morgens betete ich für mein Kind, als ich plötzlich so eine Art Geistesblitz hatte: Ich würde auf sein Schlagen mit einer Umarmung reagieren. Wenig später, als ich gerade vor dem geöffneten Kühlschrank stand, kam Mason. Er war noch im Schlafanzug und hatte die geballten Fäuste drohend erhoben.

Ich lächelte ihn an und schloss ihn in meine Arme. Während er versuchte, sich freizukämpfen, hielt ich ihn lange genug fest, um ihm in einem fröhlichen Ton zu sagen, wie lieb ich ihn hatte und dass ich jetzt verstanden hätte, dass er mich schlagen würde, weil er umarmt werden wollte.

Tatsächlich: Das war der Schlüssel! *Er brauchte Umarmungen!* Die Schläge zeigten seine Angst, übersehen zu werden. Er war sich nicht sicher, ob ich ihn liebhatte.

Wie oft beurteilen wir das Verhalten anderer und meinen, es müsse verändert werden? Dann versuchen wir, darauf einzuwirken, setzen Grenzen und geben Ziele vor. Dabei übersehen wir jedoch die Ursachen. Wenn ich Mason für sein Schlagen lange genug mit harten Konsequenzen bestraft hätte, dann hätte er wahrscheinlich damit aufgehört, aber ich hätte nie erfahren, wie sehr sich sein Kinderherz nach meiner Liebe sehnte. Unser Sandwichkind brauchte öfter als die anderen Kinder die Versicherung, dass ich ihn liebte und dass er mir wichtig war. Schlagen war seine einzige Möglichkeit, mir das zu zeigen.

Eigentlich verhielt ich mich genauso. Mein Verhalten war teilweise unreif und nicht akzeptabel. Mit viel Disziplin hätte ich mich verändern können, doch dann wäre mir verborgen geblieben, was sich unter der Oberfläche abspielte. Mein verzweifeltes Streben nach Lob und Anerkennung und der Versuch, nach außen hin mein Leben im Griff zu haben, waren Ausdrucksformen meiner tiefen Unsicherheit: Bin ich wichtig? Liebt mich jemand? Werde ich nicht vergessen?

Sind wir bei näherer Betrachtung nicht alle gelegentlich wie Mason? Wir fragen uns, wer wir eigentlich sind, was uns ausmacht und ob wir den Anforderungen genügen – und wir wollen sicher wissen, ob wir geliebt werden.

Gießkanne

Dort an dem menschenleeren Strand auf Hawaii, als der Wind mein Haar zerzauste und mein Atem sich dem Rhythmus der Wellen anpasste, erfassten mich unerwarteter Mut und tiefe Erschöpfung. Endlich hatte ich den Schmerz meines Herzens offenbart. *Ich bin so müde. Es ist schrecklich anstrengend, immer alles richtig zu machen und so zu tun, als ob es mir gut ginge. Ich kann nicht mehr und es hat auch nicht gut funktioniert. Herr, ich will das nicht mehr.*

Es begann, sanfte, warme Tropfen zu regnen. Ich schaute hinter mich und über dem üppigen Grün der Hügel spannte sich ein Regenbogen. Ich finde den Anblick eines Regenbogens immer schön, besonders dann, wenn ich gerade dem Gott, der mich hoffentlich hört, mein Herz ausgeschüttet und die schwersten Gedanken meines Lebens offenbart habe.

Ich stelle mir vor, dass dieser Regenbogen eine Botschaft Gottes an mich war: *Ich sehe dich. Ich habe dich nicht vergessen und ich bin auch jetzt hier bei dir. Vielleicht weißt du grade nicht mehr, wer du bist, aber ich weiß es. Es ist Zeit, heil zu werden, die Wahrheit zu sagen und dich nicht mehr mit den Dingen vollzustopfen, die dich nie zufriedenstellen werden. Deine Prioritäten haben sich verschoben. Komm her zu mir, wenn du müde bist und schwere Lasten trägst, ich will dir Ruhe schenken.*

Das sagte er zu mir und er sagt es auch zu dir. Er sieht dich, ob du grade an einem tropischen Strand bist, zu Hause auf der Couch oder im Auto sitzt und deine Kinder abholst. Er hat dich nicht vergessen. Er will deine größte Liebe sein.

Bist du müde? Ausgelaugt? Erschöpft von der Suche nach Erfüllung? Bist du es leid, ständig diese anklagenden Selbstvorwürfe zu hören, die mal leiser, mal lauter sind, aber nie verstummen? *Streng dich an! Beweise es ihnen. Es liegt an dir. Deine Schuld. Du bist eine Enttäuschung.*

Jesus schließt dich in seine Arme, ihn stört dein Fehlverhalten viel weniger als dich selbst. „Komm zu mir", sagt er dir. „Komm mit mir, dann wirst du dein Leben neu entdecken."

Regenbogen

Wohin sollte ich fliehen

vor deinem Geist,

und wo könnte ich

deiner Gegenwart entrinnen?

Flöge ich hinauf in den Himmel,

so bist du da;

stiege ich hinab ins Totenreich,

so bist du auch da.

Nähme ich die Flügel der Morgenröte

oder wohnte am äußersten Meer,

würde deine Hand mich auch dort führen

und dein starker Arm mich halten.

PSALM 139,7-10 (NLB)

TEIL ZWEI

EINGELADEN,
UNS WIRKLICH AUSZURUHEN

Hortensie

Nr. 5

PFLANZEN BESCHNEIDEN
UND SCHRÄNKE AUSRÄUMEN

Vor unserem Haus wächst ein riesiger Hortensienbusch, der gerade voller Blüten ist. Jeder Freundin, die mich besucht, gebe ich zum Abschied einen großen Strauß der blau-lila-farbigen Kugeln mit, ohne dass die Pflanze etwas von ihrer Üppigkeit verliert. Auch meine schwarz-weiß-gestreifte Lieblingsvase auf dem Küchentisch ist jetzt immer voll frischer Hortensien. Beim Essen schieben die Kinder sie hin und her, weil wir uns sonst gar nicht sehen könnten. Aber nach den Mahlzeiten stelle ich sie wieder mitten auf den Tisch. Frische Blumen machen mich glücklich.

Letztes Jahr hatte unsere Hortensienpflanze nur wenig Blüten. Wie kommt es also, dass sie jetzt so prächtig blüht? Ryan hatte sie im Herbst zurückgeschnitten. Ich mochte das gar nicht, denn er ging schrecklich rigoros vor! Meine Brautjungfern hatten Hortensiensträuße und der Hortensienbusch war ein Grund, warum ich dieses Haus kaufen wollte. Deshalb tat es mir weh, als Ryan so radikal Hand anlegte. Vielleicht würde meine Hortensie nie wieder blühen?

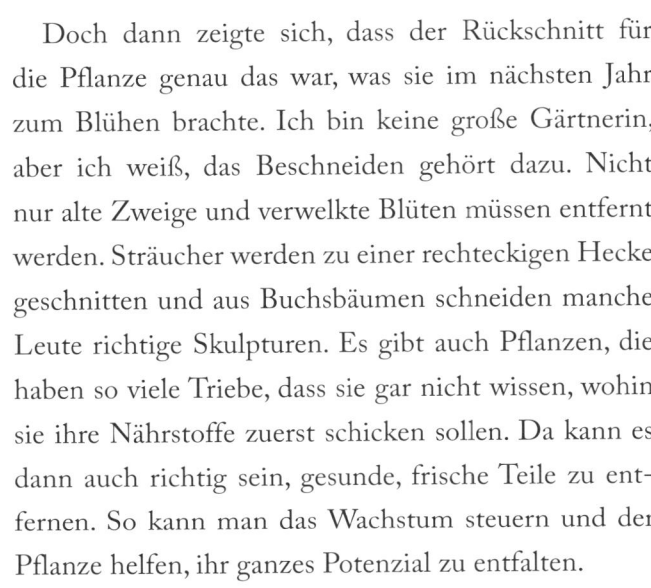

Doch dann zeigte sich, dass der Rückschnitt für die Pflanze genau das war, was sie im nächsten Jahr zum Blühen brachte. Ich bin keine große Gärtnerin, aber ich weiß, das Beschneiden gehört dazu. Nicht nur alte Zweige und verwelkte Blüten müssen entfernt werden. Sträucher werden zu einer rechteckigen Hecke geschnitten und aus Buchsbäumen schneiden manche Leute richtige Skulpturen. Es gibt auch Pflanzen, die haben so viele Triebe, dass sie gar nicht wissen, wohin sie ihre Nährstoffe zuerst schicken sollen. Da kann es dann auch richtig sein, gesunde, frische Teile zu entfernen. So kann man das Wachstum steuern und der Pflanze helfen, ihr ganzes Potenzial zu entfalten.

Jesus lädt uns ein, in seiner Nähe das Leben neu zu entdecken. Mehr noch, er verspricht: „Ich werde dir zeigen, wie du dich wirklich ausruhen kannst" (Matthäus 11,28). Ich halte viel von Ruhe und Selbstfürsorge. Wer würde schon das Angebot ausschlagen, sich einen Nachmittag lang nur mit wohltuenden, angenehmen Dingen zu beschäftigen. Wie würde so ein Nachmittag konkret aussehen? Wollen wir an dieser Stelle kurz unseren Tagträumen nachhängen? Für mich würde der Nachmittag mit einem Schläfchen beginnen – frei von Verantwortung. Dann würde ich zeichnen, backen oder lesen – in aller Ruhe, ohne Unterbrechungen. Ob Jesus das gemeint hat? Oder könnte es sein, dass er unter *„wirklich* ausruhen" mehr versteht als ein Schaumbad bei Kerzenschein? Hat er etwas im Sinn, das tiefer geht und länger anhält?

Meine Mutter geht gern einkaufen, oder vielmehr, sie liebt Schnäppchen. Sie wartet geduldig, bis ihre Lieblingscouch runtergesetzt ist oder bis es die Puppe für die Enkel besonders günstig gibt. Eigentlich vernünftig, wäre da nicht ihr Kleiderschrank, der sich kaum noch schließen lässt, weil sie den Sonderangeboten nicht widerstehen kann.

Letztes Jahr fragte sie meine Schwester und mich, ob wir ihr beim Ausmisten helfen könnten. Amy, die Älteste, ist eine typische große Schwester, super organisiert und in der Lage, schwierige Dinge so zu sagen, dass niemand verletzt ist. Hillary, unsere Jüngste, ist stilsicher und berät uns stets in Kleiderfragen. Und ich? Zu meinen Stärken gehört die Fähigkeit, mich von Dingen zu trennen.

Es war an einem Freitagmorgen, als wir uns im Haus unserer Mutter trafen und an die Arbeit machten. Zu jedem Stück, das wir aus dem Schrank zogen, stellten wir drei Fragen: *Trägst du es? Magst du es? Passt es?* Alle Pullis, Kleider und Hosen, die kein dreifaches Ja bekamen, wurden aussortiert. Am Ende des Tages enthielt der halb leere Schrank meiner Mutter nur noch Kleidung, Schuhe und Handtaschen, die sie mochte, alles schön sortiert. Wir hatten unsere Mission erfüllt.

Für meine Mutter war es jedoch ein harter Tag. Mit jedem Stück verband sie eine Erinnerung. Sie hing sogar an den Teilen, die noch nie gepasst hatten oder komplett aus der Mode waren.

Schließlich hatte sie sich beim Kauf über den günstigen Preis gefreut. Während der ausrangierte Stapel wuchs, kämpfte sie, halb im Spaß, um viele Stücke, und wir mussten sie immer wieder daran erinnern, dass die ganze Aktion ihre Idee gewesen war.

Das Ergebnis war eine Verbesserung in jeder Hinsicht. Es gab Platz in den Fächern und auf der Kleiderstange konnte man die Bügel wieder hin- und herschieben. Meine Mutter verstand, dass etwas gut sein konnte, auch wenn es sich zunächst gar nicht gut anfühlte. Indem das Alte und Nutzlose aussortiert wurde, schufen wir Platz für neue, „einmalige" Schnäppchen.

Schere

Das Beschneiden einer Pflanze und das Ausmisten von persönlichen Dingen kann zunächst bedrohlich wirken: Vielleicht wächst die Pflanze nach dem Rückschnitt nicht mehr nach? Vielleicht gibt es nie wieder so ein tolles Kleid (in der falschen Größe) so günstig? Die meisten Menschen können mit Veränderung, Abschied und Verlust nicht gut umgehen. Man sucht solche Situationen nicht. Aber meine kluge Freundin Reagan sagt: „Disruption ist die Voraussetzung für eine langfristige Veränderung." Und meine Seele sehnte sich nach dauerhafter Veränderung.

Um zur Ruhe zu kommen, müssen wir uns mancher Dinge entledigen. Wir ziehen die Schuhe aus, bevor wir die Beine hochlegen und entfernen die Klammer, die unsere Haare zusammenhält. Was uns bindet, muss gelöst werden, was uns behindert, legen wir ab. Dann können wir in eine tiefe, spirituelle Ruhe eintreten. Ein Prozess, den wir nicht unterschätzen sollten.

Jesu Einladung zur völligen Ruhe erfordert Hingabe als ersten Schritt. Indem wir aufhören, unser Leben fest im Griff haben zu wollen, können wir auch alte Verhaltensmuster und Denkweisen loslassen. Ob wir eine Pflanze beschneiden oder eine zu enge Bluse ausrangieren – die Folge ist immer ein schönes, üppiges Wachstum.

Um herauszufinden, wovon wir uns trennen könnten, müssen wir Zeit und Kraft investieren. Warum lief ich immerfort in diesem anstrengenden, unerfreulichen Hamsterrad weiter? Ich fand einiges: Kontrolle. Vergleichen. Ablenkung. Komfort. Und besonders wichtig schien die Einstellung zu sein, dass ich mich nur auf mich selbst wirklich verlassen konnte. Diese Triebe mussten beschnitten werden. Es würde wehtun. Aber ich hoffte von ganzem Herzen, dass Jesu Einladung in ein Leben der Ruhe mir galt, und ich war entschlossen, dafür die Voraussetzungen zu schaffen.

Es ist schön, sich auszuschlafen, Zeit für sich zu haben, sich mit Freunden zu treffen und Hobbies zu entwickeln, die einem wirklich Freude machen. Das ist alles wichtig! Aber es ist nicht alles. Jesus bietet uns *wirkliche* Ruhe für die Seele. Wir finden sie erst, wenn wir aufhören, unseren Wert unter Beweis zu stellen, und Gott Raum geben, damit er neues Leben in uns schaffen kann. Wenn wir unser falsches Denken in Bezug auf Identität, Lebensinhalt und Zugehörigkeit aufgeben, unterstützen wir, was Gott in uns tut und erlauben ihm, uns mit seiner Wahrheit zu füllen. Es gibt gute Nachrichten für jeden, der sich nach tiefer innerer Ruhe sehnt: Sie gehört uns!

Weintrauben

Er schneidet jede Rebe ab,

die keine Frucht bringt,

und beschneidet auch die Reben,

die bereits Früchte tragen,

damit sie noch mehr

Frucht bringen.

JOHANNES 15,2 (NLB)

Briefkasten

Nr. 6

STILL SEIN

Ein dicker Umschlag steckte in unserem Briefkasten. Absenderin war eine gute Freundin aus früheren Jahren. Seitdem wir an verschiedenen Orten wohnten, verheiratet waren und Kinder hatten, hatte ich es aufgegeben, den Kontakt zu halten. Was sie mir jetzt wohl schicken würde?

Ich fand ein in viel Luftpolsterfolie verpacktes, gerahmtes Bild. „Seid stille und erkennet, dass ich Gott bin!", stand da in kunstvollen Buchstaben. Ich erkannte es sofort.

Das hatte ich 1999 für sie gemacht, als sie noch im College in Chicago war. Von dort brachte sie das Bild zurück in ihr Elternhaus, dann in den Wohnblock, in dem wir beide nach unseren Hochzeiten wohnten, und es kam mit in jede andere Wohnung, in die sie danach gezogen war. Dem unerwarteten Geschenk lag ein kleiner Brief bei: Sie hoffte, mich mit der Rückgabe meines Geschenkes nicht zu kränken, aber als sie es neulich beim Umzug wieder entdeckte, hatte sie den Eindruck, dass ich es jetzt haben sollte.

Ich war dankbar, denn es kam zur richtigen Zeit.

Der Satz „Seid stille und erkennet, dass ich Gott bin!" (Psalm 46,11, LUT) wird gerne in Zeiten des Kampfes oder des Umbruchs zitiert. Wir stellen uns dabei den fürsorglichen Vater vor, der seinem Kind liebevoll übers Haar streicht: *Ganz ruhig, mein Liebes. Mach dir keine Sorgen. Ich kümmere mich um dich.* Ich bin mir ziemlich sicher, dass ich mit genau dieser Vorstellung damals diesen Schriftzug gezeichnet habe. Bestimmt flüstert Gott diese Worte immer wieder in aufgewühlte Herzen.

Doch während ich mich meiner tiefen Unsicherheit stellte und mir eingestand, dass meine Identität zu großen Teilen auf meinem eigenen Bemühen beruhte, bekam die Aufforderung „sei still" eine ganz neue (und vermutlich auch eher dem Kontext entsprechende) Bedeutung: *Hör auf, dich abzumühen. Lass deine Ängste los. Hab Ehrfurcht vor mir. Ich trage die Verantwortung für deine Sicherheit und ich stehe über jeder menschlichen Institution, jeder Schwierigkeit und jeder Sorge. Dein eigenes Bemühen behindert mich nur, du machst es dir unnötig schwer. Geh zur Seite, ich habe das im Griff. Vertrau mir.*

Das ist nicht mehr nur ein liebevoller Papa, sondern eher ein mächtiger Beschützer, stimmt's? Er hat das Sagen, nicht ich. Vielleicht trage ich weniger zur Lösung bei, als ich bisher dachte.

In letzter Zeit habe ich viel im Alten Testament gelesen und überrascht festgestellt, dass ich mit dem Volk Israel so manches gemeinsam hatte. Mein Umgang mit Veränderungen und Kontrolle war ihrem erstaunlich ähnlich.

Gott hatte sie befreit. Dafür verehrten sie ihn. So weit, so gut. Aber dann wurden sie unsicher. Sie waren in Schwierigkeiten, hatten nichts zu essen und fragten sich, wie sie es jemals ins verheißene Land schaffen sollten. Da Gott nichts zu tun schien, kümmerten sie sich selbst um Lösungen. Sie begannen, heidnische Götter zu verehren und verbündeten sich mit den umliegenden Völkern, von denen sie militärischen Schutz erhofften. Statt Gott zu vertrauen, verließen sie sich zunehmend auf ihre eigenen Anstrengungen.

So war ich auch. Als Gott in mein Leben kam, verehrte ich ihn. Später liefen die Dinge nicht wie erhofft, woraufhin, ich sagte das nicht so direkt, in mir der Verdacht wuchs, dass Gott die Dinge nicht im Griff hatte. Ich wandte mich nicht von ihm ab, aber ich suchte nach zusätzlicher Unterstützung. Die Götter, die ich zu verehren begann, waren keine aus Holz geschnitzten antiken Figuren. Es waren veredelte, kultivierte kleine Götter, wie Beziehungen, mein Aussehen und meine Schätze, dazu meine Leistungen, die mir Identität, Sinn und Zweck gaben, zusätzlich zu meiner Identität als Gottes Kind. Ich passte mich den kulturellen Normen an und nutzte meine Fähigkeiten, um mich vor Verletzungen zu schützen und so glücklich wie möglich zu leben.

Genau wie die Israeliten war ich bemüht, alles im Griff zu haben, was viel Kraft kostete. Gott hatte mir Dinge geschenkt, um die ich mich kümmern sollte, doch ich leitete meinen Wert von ihnen ab. Ich brauchte ständig die Anerkennung meines Mannes, ein perfektes Zuhause, viele soziale Aktivitäten, regelmäßige Abläufe, ein wachsendes Konto und ein attraktives Äußeres. Dann fühlte ich mich wertvoll, sicher, geliebt, wichtig, gut genug. Doch dieser Lebensstil war so anstrengend, dass ich meine Freude verlor. Während ich meine Bedürfnisse befriedigte, geriet mein Leben zunehmend in eine Schieflage. Gleichzeitig warb Gott die ganze Zeit um mein Herz. Aber ich war zu beschäftigt, um das zu bemerken. Ich musste erst stille werden, um zu verstehen, dass ich ein Kontrollfreak geworden war.

• ◆ ▪ ◆ ◆

In unserer relativ großen Familie können die Wäscheberge viel Zeit verschlingen. Eigentlich könnte ich den Kindern einen Teil der Verantwortung übertragen, denn sie sind alt genug, um eine Waschmaschine einzuschalten und ihre Sachen zu falten. Manchmal bitte ich sie darum. Es ist nur so, dass ich ein bestimmtes *System* habe, an dem mir viel liegt. Ich wasche und trockne die Sachen und staple sie dann auf dem Sofa. Damit habe ich, wenn die Kinder schlafen und Ryan spät abends noch im Büro ist, eine wunderbare Begründung dafür, die neueste Folge meiner Lieblingsserie *Project Runway* zu sehen.

In dieser Reality-Show versucht jede Woche ein Team ambitionierter Modedesigner unter großem Zeitdruck und mit wenig Geld unglaubliche Kleidung zu entwerfen. Diese Leute verfügen über eine enorme kreative Genialität. Während ich meine Wäsche falte, lasse ich mich von der Herausforderung der aktuellen Woche mitreißen. Ich freue mich, wenn man den Designern ein passables Budget zubilligt und sie wirklich kreativ werden können. Ich ärgere mich gemeinsam mit ihnen, wenn sie sich einen Partner ziehen müssen und wenn Teamwork verlangt wird, wird es immer besonders stressig.

Wäsche

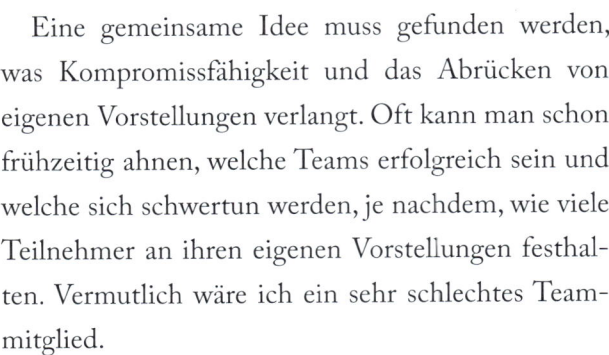

Eine gemeinsame Idee muss gefunden werden, was Kompromissfähigkeit und das Abrücken von eigenen Vorstellungen verlangt. Oft kann man schon frühzeitig ahnen, welche Teams erfolgreich sein und welche sich schwertun werden, je nachdem, wie viele Teilnehmer an ihren eigenen Vorstellungen festhalten. Vermutlich wäre ich ein sehr schlechtes Teammitglied.

Schon in der Schulzeit fand ich Gruppenarbeit unangenehm. Ich versuchte, jeden zu Wort kommen zu lassen und dann eine Präsentation zu erstellen, in der alle berücksichtigt wurden. Keine schöne Aufgabe. Meistens bleib die ganze Arbeit an mir hängen, ich schrieb den Text oder bastelte das Poster, weil ich befürchtete, die anderen würden es nicht gut genug machen. Mein Ansehen bei den Lehrern wollte ich nicht in die Hände meiner Mitschüler legen.

Fragt man mich, ob ich wählerisch bin, verneine ich. Das ist nicht meine Art von Kontrolle. Ich kann flexibel und aufgeschlossen sein und hoffe, dass andere mich unkompliziert finden und gern mit mir zusammen sind. Aber ich habe trotzdem so meine *Eigenarten*. Mir ist es wichtig, dass man die Schüsseln im Geschirrspüler unten rechts einsortiert. Wenn ich T-Shirts falte, müssen die Ärmel in eine bestimmte Richtung schauen, damit sie sich gut stapeln lassen. Essen muss heiß sein, deshalb ärgert es mich, wenn ich am Tisch sitze und auf die anderen, denen die Temperatur ihres Essens egal ist, warten muss. Bei meiner Arbeit ist es mir wichtig, dass mich alles in einem guten Licht dastehen lässt, ob das die Grafiken sind, die E-Mails, die Verpackungen oder die Entwicklung meiner Marke. Und für mich spielt es eine Rolle, wie die Kinder aussehen, wenn wir weggehen, besonders wenn Fotos gemacht werden.

Jeder hat Dinge, auf die er speziellen Wert legt. Erst wenn wir denken, dass es nicht anders geht, entstehen Kontrolle und Zwänge. Wenn meine Regeln mir wichtiger sind als das Wohlergehen anderer Personen, dann wird es unangenehm. Räume ich den Geschirrspüler um, während ich mich halblaut über die Unfähigkeit meines Sohnes ärgere? Falte ich die Wäsche noch einmal, weil meine Tochter es nicht richtig gemacht hat? Beschließe ich gleichzeitig innerlich, es nächstes Mal wieder selbst zu machen? Fange ich schon an zu essen, bevor alle am Tisch sind und wir gebetet haben, denn: *Ich habe so viel Zeit in die Zubereitung dieses Essens gesteckt, ich will es jetzt auch genießen, bevor es kalt ist.* Es sind die Augenblicke, in denen ich überfordert bin, weil ich keine Hilfe will, sondern denke, nur ich kann alles richtig machen. Dann kümmert es mich nicht, wenn mein Kind sich beklagt, dass der Pulli kratzt oder die Hose unbequem ist. *Ich will, dass du das anziehst, weil ich es sage. Fertig.*

Meine Eigenheiten sind in der Regel harmlos, aber sie können Besitz von mir ergreifen und immer mehr Bereiche meines Lebens kontrollieren. Pünktlichkeit wird immer wichtiger und die Anordnung der Kissen auf dem Sofa folgt festen Regeln. Unwillkürlich suche ich nach Bereichen, die ich *auf meine Art* tun kann. Dinge, die ich im Griff habe, verleihen mir ein angenehmes Gefühl der Macht. So kommen meine hervorragenden Ideen zur Geltung – und ich mit ihnen.

Es fühlt sich viel besser an, Verantwortung für mein Leben zu übernehmen, als anderen zu vertrauen. Aber während ich Situationen beherrsche, verletze und übersehe ich andere Menschen und treffe falsche Entscheidungen. Ich gehe davon aus, selbst alles am besten zu wissen. Was Gott mir dabei ins Ohr flüstert, manchmal auch ins Gesicht schreit, klingt anders:

„Sei still und erkenne -"

Was soll ich erkennen?

„- dass ich Gott bin."

Ach so, ja.

Dann demütige ich mich und nehme wieder den mir zustehenden Platz ein.

Durch den Verzicht auf Kontrolle mache ich deutlich, dass ich nicht wirklich zuständig bin. Wenn nicht alles genau nach meinen Vorstellungen laufen muss, kann Gott in mir handeln. So kann ich wachsen und mich entwickeln. Das Leben in der Gemeinschaft mit Gott ist die ideale Partnerschaft, eine wunderbare Schule der Zusammenarbeit, der Rücksichtnahme und des Loslassens. Auf diesem Weg kommen wir in die wirkliche Ruhe.

Hast du auch solche Eigenarten, die es dir schwer machen, andere zu lieben? Kennst du diesen Wunsch, Dinge zu kontrollieren? Dann mache dir immer wieder bewusst, dass Jesus dich in seine Ruhe einlädt, um dich daran zu erinnern, dass du still sein kannst, weil du erkennst, dass er Gott ist.

Tulpen

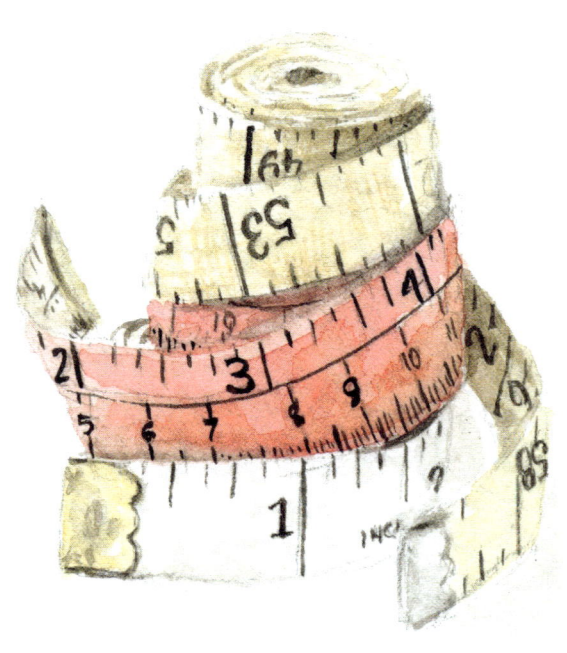

Maßband

Nr. 7

DEN ANFORDERUNGEN
GERECHT WERDEN

In den frühen Neunzigerjahren waren Supermodels *in*. Wir erinnern uns an Christy Turlington und ihr perfekt symmetrisches Gesicht, Naomi Campbell und ihre schimmernde Haut, Kate Moss und ihre dürre Statur, Cindy Crawford und ihr Muttermal, Nikki und Krissy Taylor und ihre natürliche „Mädchen von nebenan"-Schönheit. Meine Freundin und ich waren Fans dieser atemberaubend schönen Frauen, so wie Gleichaltrige für Schauspieler schwärmten.

Wir lagen stundenlang auf dem Fußboden und schmökerten in den neuesten Ausgaben von *Glamour*, *InStyle* und *Vogue*, suchten die schönsten Fotos aus und dekorierten unsere Zimmer damit. Wir schminkten uns gegenseitig und lernten den Umgang mit dem Eyeliner in drei Schritten, wie es von den Visagistinnen in den Zeitschriften erklärt wurde. Der Flur vor dem Zimmer meiner Freundin wurde zum Laufsteg, auf dem wir das Gehen und die schmollenden Modelgesichter übten.

Als ich fünfzehn war, hatte ich die Wände meines Zimmers mit den Fotos der Modemagazine regelrecht tapeziert. Ich beschäftigte mich mit Posen, Frisuren, Make-up und dem

richtigen Lächeln. Ich wollte nicht unbedingt eines der Super-Models sein, ich fragte mich nur, wie ich im Vergleich mit ihnen wohl abschneiden würde? Wenn sie den Schönheitsstandard verkörperten, wo befand ich mich dann in dieser Hierarchie?

Was harmlos angefangen hatte, setzte mir innerlich immer mehr zu. Mein Interesse an den Zeitschriften machte Resignation Platz. Ich würde nie hübsch genug, dünn genug oder modisch genug sein. Das Thema begann mich anzuwidern. Was ich auch versuchen würde, meine Haut war blass, meine Lippen schmal, ich würde nie die Maße der Frauen haben, die über meinem Bett hingen. Plötzlich sah ich klar, nahm alle Bilder ab und warf sie ins Altpapier. Nie wieder wollte ich eine Modezeitschrift lesen. Das war vor über 25 Jahren und ich habe mich an meinen Vorsatz gehalten.

Doch fünfzehn Jahre später hielt Instagram Einzug in mein Leben.

Nun blättere ich keine Hochglanz-Seiten mehr um, sondern wische über den Bildschirm meines Smartphones. Wie spannend, private Einblicke in das Leben von Freunden und Prominenten zu bekommen. Da ich auch eine Online-Firma besaß, sagte ich mir, dass ich aus beruflichen Gründen auf Instagram sein musste. Mit der Zeit wurden die Posts, die ich mir anschaute, immer perfekter und ich wurde immer unzufriedener mit mir selbst. Bald fiel ich wieder in mein jugendliches Verhaltensproblem zurück und beurteilte meinen Wert, indem ich mich mit anderen verglich.

Ihre Küche ist der Traum. Unsere ist viel zu dunkel und total alt-modisch. Sie hat es besser als ich.

Ihr Stil ist eigenartig, meiner ist modisch. Ich bin besser als sie.

Hat sie gar keine Cellulite? Meine Haut hat an den Oberschen-keln überall Risse und Dellen. Ich sollte keine Shorts mehr tragen und muss intensiver trainieren.

Sie machen immer so tolle Urlaube. Wenn wir uns das doch auch leisten könnten!

So ging das die ganze Zeit, das Vergleichen verselbstständigte sich und lief immer parallel, bei allem, was ich tat. Mein Selbst-wert schwankte hin und her: *Ich bin ok. Ich bin nicht ok. Ich bin gut genug. Ich bin nicht gut genug.*

Eines Tages kam wieder die Einsicht, dass ich etwas ändern musste. Ich hörte auf, den Accounts zu folgen, deren Bilder mich verunsicherten, neidisch machten oder dazu brachten, andere zu verurteilen. Sobald ich mich beim Anschauen von Posts dabei ertappte, wieder Vergleiche anzustellen, flog der Account aus meiner Abonnenten-Liste. Das half – zunächst.

Grundsätzlich ist es gut, alles aus unserem Leben zu ent-fernen, was uns regelmäßig ins Schleudern bringt. Aber ich merkte bald, dass ich damit nur an der Oberfläche meines Pro-blems kratzte. Auch wenn ich mir keine Model-Zeitschriften und keine faszinierenden Instagram-Accounts mehr ansah, das Vergleichen hörte nicht auf. Überall gab es schöne Frauen, mit denen ich mich vergleichen konnte, in der Gemeinde, im Super-markt, auch unter meinen Freundinnen. Ich musste das Thema anders angehen.

Laufschuh

Ethan, unser Ältester, besucht die Highschool und gehört dort zum Querfeldeinlauf-Team. Er ist ehrgeizig, schnell und trainiert viel. Eines Abends sahen Ryan, Audrey (unsere Jüngste) und ich ihm bei einem Rennen zu. Es begann in der Abenddämmerung, auf einem von Flutlichtern erleuchteten Gelände. Musik dröhnte aus den Lautsprechern, die Läufer dehnten sich und drehten ein paar Runden zum Aufwärmen. Die Tribünen waren gefüllt mit Eltern in Daunenjacken.

Die Jungs positionierten sich, jeder im Trikot seiner Schule. Der Startschuss ertönte und es ging los. Ethan war an der Spitze der Gruppe. Acht Runden waren zu laufen. Als er das erste Mal an unserem Tribünenplatz vorbeikam, suchten seine Augen uns. Wir jubelten ihm zu, er grinste und hob die Daumen.

Ein herrlicher Moment für mein Mutterherz. *Was für ein wunderbares Kind*, dachte ich. *Wie schön, dass wir ihm immer noch so wichtig sind.* Ich erinnerte mich daran, wie er als Vorschüler Hallenfußball gespielt hatte. Ohne Plan rannten alle im Pulk hinter dem Ball her, in geringelten Fußballsocken und bunten Trikots, und ständig suchten sie den Blickkontakt zu ihren Eltern.

Wie süß, dass Ethan jetzt auch wieder nach uns Ausschau hielt. Er wollte von uns gesehen werden und uns mit seinem Lauf, seiner Entschlossenheit und seiner Einstellung beeindrucken. Unser Jubel tat ihm gut. Auch in der zweiten Runde lächelte er in unsere Richtung. In der dritten und vierten Runde fiel er zurück, winkte uns aber auch wieder zu.

Ryan und ich sahen uns an und meinten: „Er muss sich fokussieren, wir lenken ihn ab!"

Als er das nächste Mal vorbeikam, riefen wir: „Konzentriere dich! Gib alles! Das ist dein Rennen!"

In der letzten Runde sah er nicht zu uns, sondern blickte nach hinten, um das Feld seiner Verfolger abzuschätzen. Dann sprintete er mit letzter Kraft ins Ziel. Es war ein gutes Rennen, er lag im Mittelfeld, verbesserte seine persönliche Bestzeit um ein oder zwei Sekunden, aber er wusste auch, dass er eigentlich besser war. Das Winken hatte verhindert, dass er seine volle Leistung abrufen konnte.

Als Ethan zum ersten Mal erwähnte, dass er Querfeldeinlauf machen wollte, war ich irritiert. „Da muss man ganz schön viel laufen", wandte ich ein.

Es wäre nichts für mich, meine Lungen und meine Unterschenkel laufen nicht gern und besonders schnell war ich noch nie. Alle Bibelstellen, die sich auf Laufen und Wettrennen bezogen, funktionierten bei mir nicht. Diese Sportart interessiert mich nicht. Mit Gleichnissen von Salz oder Hefe kann ich mehr anfangen, backen mag ich.

Jedenfalls, als ich Ethan zum ersten Mal bei einem Wettkampf sah, begriff ich die Bedeutung dieser Lauf-Bibelstelle:

Wir wollen den Wettlauf
bis zum Ende durchhalten,
für den wir bestimmt sind.
Dies tun wir, indem wir unsere Augen
auf Jesus gerichtet halten,
von dem unser Glaube
vom Anfang bis zum Ende abhängt.

HEBRÄER 12,1-2, NLB

Ich hatte alles aus meinem Leben verbannt, was mich dazu brachte, mich mit anderen zu vergleichen, trotzdem hatte ich ein Problem mit Selbstwert und Selbstannahme. Es lag nicht an den makellosen Models, auch nicht an Instagram mit seiner Bilderflut der schönen Wohnungen, coolen Outfits und mit Filtern bearbeiteten Gesichtern. Es war meine geplagte, erschöpfte Seele, die sich vergleichen wollte. Ich suchte meinen Wert und meine Identität an Orten, an denen man sie nicht finden kann. Auf dem Weg des Vergleichens wollte ich herausfinden, wer ich bin, ob ich mithalten kann und ob ich mehr oder weniger schön/kreativ/schlank/erfolgreich bin als andere.

Während ich mich mit anderen vergleiche, verliere ich mein eigenes Ziel aus den Augen. Ich bin wie mein kostbarer Sohn, hoch motiviert, aber abgelenkt. Während ich versuche, meine hochgesteckten Ziele zu erreichen, schaue ich die ganze Zeit ins Publikum: *Wer schaut mir zu? Wie sehe ich aus? Mache ich es gut? Wer läuft vor und hinter mir?* Meine Blicke wandern umher und ich verfehle mein Ziel.

Die wirkliche Ruhe, zu der Jesus uns einlädt, ist mehr als die Verschnaufpause beim Rennen. Er hat viel mehr für uns. Wir können bei ihm die Verhaltensweisen und Überzeugungen, die uns so hektisch machen, eintauschen gegen echte Ziele, Zugehörigkeit, Identität und Liebe. Unsicherheit ist heimtückisch, sie zerfrisst uns innerlich, ohne dass wir es bemerken. Sie verdreht die Fakten über uns selbst und belügt uns. Sie drückt uns nieder, treibt uns an, wir drehen uns im Kreis, versuchen verzweifelt, Selbstwert zu gewinnen, und entfernen uns immer weiter von der Wahrheit.

Alles Streben, Beweisen, Performen oder Verstecken wird nicht dazu beitragen, dass wir uns selbst annehmen können. Der Jubel aus dem Publikum wird uns ebenso wenig helfen wie ein Platz auf dem Siegertreppchen. Auch der Vergleich mit denjenigen, denen wir uns überlegen fühlen, hilft nicht. Die Frau mit dem Traumjob und der perfekten Maniküre ist in Gottes Augen genauso wertvoll wie die Frau mit den verwuschelten Haaren, die immer noch nicht weiß, was sie einmal werden will.

Die letzten Worte Jesu am Kreuz machten es deutlich: Wir müssen nichts mehr tun oder darstellen, um Gottes Gunst zu verdienen. Es ist vollbracht. Wir genügen seinen Ansprüchen. Du bist genug.

● ● ● ● ●

Nachdem ich mein Leben lang um Anerkennung gekämpft habe, nie mit mir zufrieden und immer im Stress war und mich ständig fragte, ob ich gut genug wäre, klingt diese Einladung von Jesus wirklich verlockend. Ich soll zur Ruhe kommen, zu ihm kommen? Mich nicht mehr vergleichen, nicht nach dem streben, was nicht Teil meines Lebens ist? Alles hängt davon ab, worauf wir unseren Blick richten.

Wenn wir nach vorne schauen, sehen wir Jesus an der Ziellinie stehen. Er winkt uns zu und signalisiert uns: *Ich bin hier. Ich habe schon gewonnen. Bewege deine schönen Füße auf mich zu. Es ist egal, wer dir zuschaut oder wie du abschneidest. Bleib konzentriert. Gib alles. Das ist dein Rennen.*

Pokal

Medaille

Orden

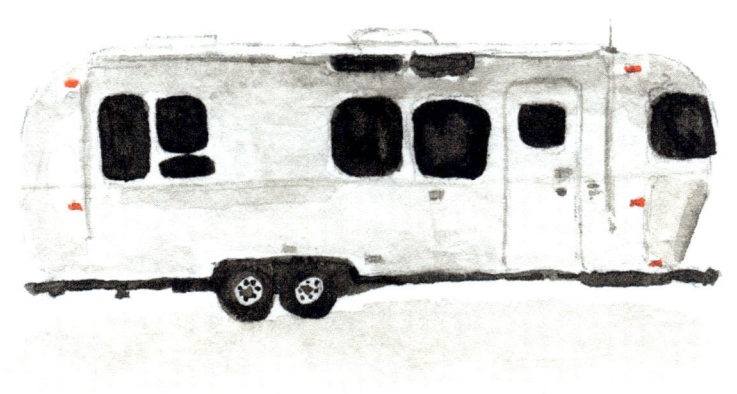

Airstream

Nr. 8

WEITERATMEN

Seitdem ich denken kann, träumte Ryan davon, mit seiner Familie eine Reise im Road-Trip-Stil zu unternehmen – unterwegs zu sein mit wenig Planung und viel Zeit. Kommt gelegentlich die Rede darauf, winke ich ab: *Das ist doch unrealistisch.* Für solche Spinnereien habe ich kein Verständnis. Nichts gegen eine große Reise, aber was er sich vorstellt, würde unser ganzes Leben durcheinanderbringen. Ich mag keine Veränderungen. Für mich gehörte das zu den Dingen, die man sich immer vornimmt, aber nie tut – oder auch zu den Dingen, die andere tun, die mehr Abenteuerlust verspüren als ich. Wir hatten Arbeit, schulpflichtige Kinder, Raten fürs Haus zu bezahlen und einen Hund – keine Reiselust.

Umso mehr überraschte ich Ryan, mich selbst und alle, die mich kennen, als ich eines Tages erklärte: *Wir sollten als Familie einmal das ganze Land bereisen.*

Die Planung dauerte ein Jahr und Ende April war es dann so weit. Wir winkten unseren Freunden zum Abschied und rollten mit einem glänzenden silbernen *Airstream* an der Anhängerkupplung aus unserer Einfahrt. Vier Monate wollten wir unterwegs sein und hatten gerade genug Kleidung eingepackt, nur das Nötigste zum Kochen, Bettwäsche, um Couch und Essecke jede

Nacht in Betten zu verwandeln, einen kleinen Stapel Spiele, eine Tüte mit Legosteinen für die Kinder, eine viel zu große Kameraausrüstung und unsere Computer, damit wir unterwegs arbeiten konnten.

Mein Blog und mein Online-Geschäft liefen gut genug, um davon zu leben. Da Ryan für mich ein wichtiger Mitarbeiter war, beendete er seine Feuerwehrkarriere, ging in den Vorruhestand und begann in Vollzeit mit mir gemeinsam zu arbeiten. Und sogar die Schulen der Kinder legten uns keine Steine in den Weg, als wir um eine zweimonatige Beurlaubung baten, wir mussten nur ein einziges Formular unterschreiben. Vor der Abreise hatten wir noch Fotos von unserem Haus gemacht, nur für den Fall, dass wir unterwegs den Wunsch verspürten, es zu verkaufen. Ryans Lebenstraum und mein Ja dazu veränderte unser ganzes Leben.

Schon bevor wir in dieses Abenteuer starteten, hatte ich erkannt, wie sehr ich mein Leben im Griff haben und meinen Wert unter Beweis stellen wollte. Ryan und ich sahen, dass wir als ganze Familie in diese gefährliche Richtung tendierten. Die Aufgaben und Sorgen des Alltags beengten uns zunehmend. Wir waren abgelenkt, gehetzt und viel zu beschäftigt. Dabei verfolgten wir gute Ziele. Unser Haus stand jedem offen, unsere Kinder wuchsen heran, die Beziehungen zu den Nachbarn vertieften sich. Es klingelte oft an unserer Tür, denn andere Kinder kamen gern zum Spielen vorbei. Im Eingangsbereich lagen meist mehrere

Paar Turnschuhe mit Klettverschlüssen herum und die Nerf-Geschosse pfiffen durch den Flur. Es waren schöne Jahre und wir waren dankbar für die Gemeinschaft, zu der wir gehörten.

Doch inmitten der Nachbarschaftstreffen, gemeinsamen Urlaube und Familienspaziergänge, die meist zu Mehrfamilien-spaziergängen wurden, wuchs in Ryan und mir das Gefühl, dass etwas nicht stimmte. Unser Leben war so voll, laut und schnell, dass wir uns nie fragen konnten, ob wir das alles auch wirklich tun wollten – und ob Gott das von uns wollte. Hatten wir als Familie genug Liebe und Zeit füreinander?

Die Jahre waren schnell verflogen – wir hatten geheiratet, ein Haus gekauft und renoviert und vier Kinder bekommen. Nun waren wir uns plötzlich nicht mehr sicher, wer wir wirklich waren und ob wir die Menschen, zu denen wir geworden waren, mochten. Wir brauchten diese Auszeit. Und zu dieser Auszeit passte der folgende Vers:

Kamera

Mein Gott wird euch
aus seinem großen Reichtum,
den wir in Christus Jesus haben,
alles geben, was ihr braucht.

PHILIPPER 4,19 (ELB)

Dienstags besuche ich immer einen Barre-Kurs, ein vom Ballett inspiriertes Work-out mit Pilates- und Yoga-Elementen, das mit kleinen Bewegungen meine Kraft und Flexibilität steigert. Nachdem wir unsere Muskeln bereits 50 Minuten lang mit Ein-Zentimeter-Bewegungen beansprucht haben, sollen wir noch für zwei Minuten in den Unterarmstütz gehen. Unsere Körper sind warm, unsere Herzfrequenz ist hoch und unsere Muskeln zittern. Dieser letzte Plank ist wie die Kirsche auf dem Sahnetörtchen unseres Work-outs – der zermürbende letzte Schliff.

Wir beginnen auf unseren Matten auf allen Vieren, die Hände direkt unter den Schultern, die Knie unter den Hüften. Dann strecken wir unsere Beine hinter uns aus, die Knie sind in der Luft, die Zehen auf dem Boden, der Rücken gerade, die Bauchmuskeln eingezogen. Diese Position halten wir zwei Minuten lang. Das klingt nicht schlimm, aber nach der Hälfte der Zeit fängt mein Körper meist an zu zittern.

Unsere Trainerin schaut auf die Uhr und übertönt die Musik mit ihren Ermutigungen: „Ihr schafft das!", „Ihr seid stärker als ihr denkt!" und „Vergesst nicht zu atmen!" Die letzte Ermahnung ist besonders nötig, denn wir sind so auf die Übung konzentriert, dass wir dabei die Luft anhalten. Ihre Anweisung, durch die Nase ein- und durch den Mund auszuatmen, zielt nicht nur auf unsere Sauerstoffversorgung, sondern erinnert uns daran, unseren Körper bewusst wahrzunehmen. Wir korrigieren unsere Haltung minimal, atmen tief und geben alles, um die letzte Minute im Liegestütz durchzuhalten. Keine will aufgeben.

Unsere Reise durch die USA war wie diese Erinnerung meiner Trainerin zur Halbzeit: Vergesst das Atmen nicht! Gott hat für jeden Einzelnen so viel geplant. Es tut so gut, immer wieder einen Schritt zurückzutreten, das Tempo zu drosseln, die Ablenkungen auszuschalten und uns gegenseitig wieder neu zu entdecken. Nicht jede Familie kann vier Monate lang tief durchatmen, aber für unsere Familie hat sich damit vieles verändert.

• ◆ ▪ • ◆

Wir waren 107 Tage unterwegs, legten 25.000 Kilometer zurück und fuhren entgegen des Uhrzeigersinns einmal durch die Vereinigten Staaten. Meist waren wir in Küstennähe unterwegs, mit gelegentlichen Abstechern ins Landesinnere, nach Kentucky, Nashville und St. Louis. Wir wanderten im Redwood-Nationalpark, schlenderten in New York vom Times Square zum Central Park, standen ehrfürchtig vor dem Lincoln Memorial in Washington D. C., erlebten in der Nähe von Mount Vermont, dem Landsitz von George Washington, ein Feuerwerk und bestaunten vom Hubschrauber aus die rosarote, violette und blass-orange Färbung des Grand Canyons. Die Kinder erwarben Junior-Ranger-Abzeichen in allen Nationalparks, die auf unserer Strecke lagen. In den lokalen Restaurants probierten wir, was jeweils typisch für die Gegend war, Hühnchen und Waffeln in Savannah, frittiertes Brot der Navajos in New Mexico und gekochte Erdnüsse in South Carolina. Wir begegneten Schwarzbären, Elchen, Büffeln und Flamingos und mussten den Golf von Mexiko wegen Seeläusen meiden (igitt).

Unterwegs besuchten wir auch Freunde, aber meistens waren wir unter uns. Wir hatten Zeit für tiefe Gespräche und lasen, zeichneten, spielten Gesellschaftsspiel und schnitzten. Die Geschwister spielten viel miteinander und staunten, wie wenig sie die Spielsachen vermissten, die zu Hause geblieben waren. Da wir auf weniger als 28 Quadratmetern wohnten, kauften wir keine Souvenirs. Das machte vieles einfacher. *Stimmt, Audrey, der ausgestopfte Büffel aus dem Yellowstone-Park ist toll, aber wir haben einfach keinen Platz dafür. Nein, wir können den Eimer mit Muscheln aus dem Meer nicht mitnehmen, wo sollten wir den auch hinstellen?* Jeder hatte nur eine kleine Auswahl an Kleidungsstücken dabei, die wir in unterschiedlicher Kombination ständig trugen. Mit wenig Aufwand konnten wir unsere komplette Garderobe auf den Campingplätzen in Münzautomaten waschen.

Ryan und ich arbeiteten unterwegs für unsere Online-Firma und berichteten auf meinem Blog und in den sozialen Medien über unsere Reise. Dafür benötigten wir erstaunlich wenig Zeit. Warum hatten wir zu Hause immer so viel zu tun? Auch das Kochen ging schnell, zumal ich nur zwei kleine Platten, einen Holzlöffel und eine 60 Zentimeter lange Arbeitsfläche hatte. Unser Bett war durch eine kleine Tür vom restlichen Wohnwagen getrennt, aber da wir abends nicht weggehen konnten, keinen Fernseher und nur schlechtes Internet hatten, übernahmen wir schon bald den Schlafrhythmus der Kinder.

Jeden Abend, wenn Ethan in sein aus der Essecke umgebautes Bett ging, stellte er tiefe theologische Fragen. Die jüngeren Kinder verstanden meist nicht, worüber wir dann sprachen, aber allein durch die Erfahrung, wie Ryan und ich uns ernsthaft mit den Fragen ihres großen Bruders auseinandersetzten, lernten sie viel. So wurde der Ton für eine neue Art des Zusammenlebens in unserer Familie gesetzt. Ethan veränderte sich emotional, geistig und körperlich, aus dem Kind wurde ein junger Mann, und nichts davon ist uns entgangen. Zu Hause, umgeben von unseren Freunden und abgelenkt von der alltäglichen Routine, hätten wir das wahrscheinlich verpasst.

Brady, unser zweites Kind, fand alles spannend und war immer voll dabei. Er war der Erste, der dem Reiseführer oder Ranger eine Frage stellte. Kein anderes Kind in diesen Gruppen mit überwiegend Erwachsenen zeigte solch ein Interesse. Er wollte alles genau verstehen und zum ersten Mal konnte ich diese besondere Charaktereigenschaft bei ihm bewusst sehen.

Mason stand ehrfürchtig an dem Ort, wo Martin Luther King seine „Ich habe einen Traum"-Rede hielt und ging nachdenklich über das Schlachtfeld von Gettysburg. Er überraschte uns mit seiner Liebe für große Städte und berühmte Orte. Als der Introvertierteste der Familie blieb er früher oft im Hintergrund. Aber nun konnten wir ihm viel Aufmerksamkeit schenken und ihm zeigen, wie besonders und wichtig er war. Im Gegenzug hielt Mason oft unsere Hand und wollte beim Essen möglichst direkt neben uns sitzen. Er genoss sichtlich unsere Nähe, die wir ihm jetzt reichlich schenken konnten.

Audrey war gerade sechs geworden, aber sie hielt gut mit und marschierte oft viele Kilometer am Tag, ohne sich zu beklagen. Sie aß, was alle aßen, und hörte E-Books, für die sie viel zu jung war. Dabei hatte sie immer ein Lächeln im Gesicht und verlor nie ihren bezaubernden Humor. Was für ein Vorrecht, diese Zeit so intensiv mit unseren Kindern verbringen zu können!

Ryan und ich gewannen durch den Ausstieg aus dem normalen Leben viel Raum und Zeit, um uns auszutauschen, zu träumen und vorsichtig unsere schwierigen Themen anzugehen. Wir fanden heraus, dass es uns beiden schwerfiel, schnelle Entscheidungen zu treffen, was aber während unserer Reise ständig nötig war. Während wir zu Hause oft nur über die Pläne für den nächsten Tag und die Kinder sprachen, saßen wir nun Stunde um Stunde nebeneinander im Auto und unterhielten uns. Die ständige Nähe erforderte viel Ehrlichkeit, denn nicht immer war es einfach, sich nicht aus dem Weg gehen zu können, aber es brachte uns zusammen und wir überlegten, was wir nach dieser Reise in unserem Leben beibehalten wollten.

Unser Leben verlangsamte sich. Die üblichen Routinen wurden unterbrochen. Wir erkannten, dass der Stress, unter dem wir gelitten hatten, vermeidbar war. Wir hatten uns an die Ablenkungen gewöhnt, die dazu beitrugen, dass wir nie mit ungeteilter Aufmerksamkeit bei etwas sein konnten. Das hatte unsere Freude und Zufriedenheit angegriffen, nur oberflächliche Beziehungen zugelassen und innere Leere ausgelöst. In dieses Leben wollten wir auf keinen Fall zurück.

Decke

Die Pause, zu der Jesus uns einlädt, hat ihren Preis, denn wir müssen ein paar Dinge aufgeben, um uns für Jesu Segen zu öffnen. Wenn wir seine Einladung annehmen wollen, müssen wir unser Leben unter die Lupe nehmen, unnötige Aktivitäten aufgeben, Gewohnheiten ändern und Überflüssiges vermeiden. Welche Routinen zermürben uns? Was hält uns davon ab, uns auf andere einzulassen? Wie können wir unseren Alltag bewusst entschleunigen, Erwartungen zurückschrauben und stressarm leben?

Diese Fragen sind wichtig, aber damit ist es noch nicht genug. Es gibt Gründe, warum wir in Stress und ständiger Ablenkung gelebt haben. Wir tun uns dieses Verhalten selbst an, doch nicht immer geschieht das bewusst, denn manchmal folgen wir einfach dem Vorbild anderer. Unsere westliche Kultur verlangt von jedem Tag ein Maximum an Produktivität, Unterhaltung und Vergnügen, und es ist schwer, sich dem zu widersetzen.

Aber vielleicht wählen wir diesen Lebensstil auch, weil er uns entgegenkommt. Und wenn wir viel zu tun haben, fühlen wir uns wichtig, wir werden gebraucht, das tut uns gut. Geschäftigkeit hilft uns, Verletzungen und Scham zu ignorieren, was einfacher ist, als sich ihnen zu stellen. Ein oberflächliches Leben ist leichter, als sich zu engagieren und auf tiefe Beziehungen einzulassen, die unsere Begrenzungen offenbaren könnten. Ohne diese Ablenkung sind wir uns selbst ausgesetzt, was schwierig ist, wenn wir nicht wissen, wer wir sind, oder nicht mögen, wozu wir geworden sind.

Sind wir hin- und hergerissen zwischen tausend Aufgaben? Wollen wir lieber nicht zur Ruhe kommen, aus Angst vor dem, was wir dann wahrnehmen könnten? Halten wir manchmal die

Luft an? Jesus lädt uns zur wirklichen Ruhe ein und wir sollten nicht zögern, uns darauf einzulassen. Wenn wir zur Ruhe kommen und auf Hektik und Ablenkungen verzichten, wird sein Licht in unser Herz scheinen, uns in eine ungekannte Freiheit führen und eine tiefe Veränderung bewirken. Die Befreiung von der Sucht nach Stress eröffnet uns den Zugang in ein erfülltes Leben voller Frieden.

Yosemite Nationalpark

Regenmantel

Nr. 9

WO DIE KOMFORTZONE ENDET

Vivian, die Mutter meiner besten Freundin, ist eine temperamentvolle, treue, kleine, aber starke Frau mit endloser Energie. Im Alter von 20 Jahren verließ sie den Mittleren Westen, um zu sehen, was Arizona zu bieten hat, und ist seither dort geblieben. Bei ihrem ersten Date mit ihrem jetzigen Ehemann – einer schlammigen Monstertruck-Rallye – fand sie es witzig, eine weiße Jeans zu tragen. Heute schleicht sie nachts mit ihren Enkelkindern auf den Golfplatz hinter ihrem Haus, um durch die Rasensprenger zu laufen. Sie startete eine Bibelgruppe für die älteren Damen des Golfklubs, nur um zu sehen, ob jemand kommen würde, und 20 Jahre später ist diese Gruppe immer noch aktiv. Ihr Name bedeutet *voller Leben* und das ist sie wirklich.

Wenn man ihr Haus betritt, liegt da immer ihre abgewetzte Bibel auf dem Tisch neben einer Porzellankachel, auf der Vivians Lieblingsspruch steht: *Das Leben beginnt dort, wo deine Komfortzone endet.*

Diesen Satz sagt sie seit Jahren und sie lebt auch danach, aber ehrlich gesagt konnte ich damit nie etwas anfangen. Dort, wo die Komfortzone endet, wird es für mich ungemütlich. Ich brauche kein Abenteuer, wenn ich auch Behaglichkeit haben kann. Auf

Adrenalinkicks kann ich verzichten und ich vermeide Risiken. Wenn ich die Wahl habe, ob ich an einem Surfkurs teilnehmen oder vom Strand aus zuschauen will, dann breite ich viel lieber mein Handtuch auf dem warmen Sand aus. Am ersten Schultag weinte ich immer, jedes Jahr. Nicht, weil ich meine Mutter vermisste, sondern weil das Neue mir Angst machte. Ich mag Worte wie „Routine", „vertraut" oder „bekannt". Wenn ich eine Situation nicht im Griff habe, wenn ich vertrauen muss, wenn der Ausgang einer Situation ungewiss ist oder ich vielleicht andere enttäuschen werde, dann versuche ich zu fliehen – so schnell es geht.

• • • • •

Wir verbrachten ein paar Tage im Yosemite Nationalpark, den Ryan besonders liebte. Es war warm und die Schneeschmelze hatte die Bäche anschwellen lassen. Eines Nachmittags machten wir eine Wanderung, die uns an mehreren Wasserfällen vorbeiführen sollte. Gleich beim ersten Wasserfall fanden wir den perfekten Picknickplatz, etwas abseits des Weges, im Schatten einer Baumgruppe. Wir breiteten uns auf großen, flachen Felsbrocken aus, beobachteten die anderen Wanderer und bemerkten, dass alle, die von den Wasserfällen zurückkamen, klatschnass waren. Einer der größeren Wasserfälle weiter oben am Weg schien sehr viel Wasser zu führen und man konnte der Gischt offensichtlich nicht ausweichen. Ryan war begeistert und wollte zügig weitergehen.

Aber ich wollte nicht nass werden. Ich hatte keine Regenjacke dabei und stellte mir den Rückweg in nassen Kleidern

Rucksack

und Schuhen unangenehm vor. Ich war zwar kaum geschminkt, für Kosmetik war in unserem Wohnmobil kein Platz, aber es dauert ewig, mein von Natur aus dickes und etwas krauses Haar in Form zu bringen. Ausgerechnet an diesem Morgen hatte ich meine Haare gewaschen und gestylt und freute mich nun auf ein paar Tage, an denen ich mich nicht um meine Frisur kümmern musste. Die Aussicht, einen Wasserfall aus nächster Nähe zu sehen, war nicht verlockend genug, um meine Komfortzone zu verlassen. „Geht ohne mich", sagte ich. „Ich warte hier."

Ryan reagierte verständnislos. „Ist das dein Ernst? Du kannst doch nicht auf so etwas verzichten? Wir sind nur ein paar Schritte von einem atemberaubenden Wasserfall entfernt, aber du willst keine nassen Haare kriegen? Wir werden etwas erleben, was wir nie wieder vergessen werden!"

Ihm war es wichtig, dass wir dieses Erlebnis als ganze Familie machten. Da ich ihm nicht den Tag vermiesen wollte, überwand ich mich, opferte meine Frisur, schlüpfte in Ryans Regenmantel, zog die Kapuze eng um mein Gesicht und stapfte hinter den Kindern her, den glitschigen Pfad bergauf.

Der Anblick war atemberaubend und das Wasser rauschte mit unbändiger Kraft über die Felskante. Das Tosen machte es fast unmöglich, uns gegenseitig zu hören, was uns zum Lachen brachte. Es war sehr nass, aber dank meiner fest zugeschnürten Kapuze blieben meine Haare geschützt. Wir machten ein paar Fotos, dann gingen wir wieder zurück.

Es war *wirklich* cool. Trotzdem …

Ich wünschte, ich könnte berichten, dass diese Erfahrung mich begeistert und motiviert hätte, in Zukunft mehr Risiken einzugehen, aber so war es nicht. Ich hatte einen Wasserfall gesehen. Er hat mich nass gemacht. Alles lief gut. Es hat sogar Spaß gemacht. Meiner Frisur ist nichts passiert, die Shorts trocknete schnell wieder. Ryan zuliebe bin ich froh, dass ich mitgegangen bin. Aber ganz ehrlich, es hätte mir nichts ausgemacht, den Wasserfall nicht zu sehen.

Ich weiß, das klingt schrecklich altjüngferlich.

Warum bin ich so?

Ich sehne mich nach Gleichförmigkeit, nach Konventionen und Bekanntem. Eigentlich geht es mir nicht so sehr um die warmen Gefühle der Geborgenheit, sondern um die Vermeidung dessen, was mit Unsicherheit verbunden ist und mir Angst macht. Meine Komfortzone besteht aus hohen Mauern, hinter denen ich Schutz suche. Dort verstecke ich mich vor allem, was meine gewohnten Bahnen stören und mir neue Erfahrungen aufzwingen könnte.

Das erinnert mich an die biblische Geschichte vom Auszug Israels aus Ägypten. Mose war gerade mit den zehn Plagen fertig geworden und Pharao hatte endlich eingewilligt, die Sklaven ziehen zu lassen, aber dann änderte er seine Meinung und jagte ihnen nach. Nun war Israel eingekesselt, vor ihnen das Meer, hinter ihnen die ägyptische Armee. Eine ausweglose Situation.

Doch Gott bahnte einen Weg durchs Meer, vorbei an aufgetürmtem Salzwasser, mit Fischen und anderem Meeresgetier zu beiden Seiten. Es muss so ähnlich gewesen sein wie in einem Meeres-Aquarium mit gläsernen Wänden, an denen man entlanggehen und das Meer beobachten kann. Die Ägypter mit ihren Streitwagen, Pferden und schimmernden Helmen folgten den Israeliten und das Ende der Geschichte ist bekannt. Kaum hatten die Israeliten das andere Ufer erreicht, schlug das Wasser über den Ägyptern zusammen und begrub sie unter sich. Ein Sieg für Gott und sein Volk, ein schlechter Tag für das alte Ägypten.

Wie muss sich das angefühlt haben, aus einer vollkommen hoffnungslosen Situation auf so krasse Weise gerettet worden zu sein? Die glücklichen Israeliten singen ein Loblied auf ihren Gott, das ein ganzes Kapitel einnimmt. Aber was dann geschieht, ist wirklich unerklärlich. Die Stimmung kippt. Die Menschen haben Hunger und Durst, doch in der Wüste fließen weder Milch noch Honig (das war erst für später angekündigt). *Das ist ja furchtbar,* schreien sie. *In Ägypten, da hatten wir so viel Fleisch und Brot, wie wir wollten! Wir hätten zu Hause bleiben sollen, wo alles normal und vertraut war und es gutes Essen gab. Lieber zu Hause satt sterben, als hier zu verhungern!* Aber sie haben ein winziges Detail vergessen: In Ägypten waren sie Sklaven (nach 2. Mose 16,1-3).

So dumm es klingt, aber ich kann mit den Israeliten mitfühlen. Genau so ging es mir auch, als ich mir der Unvollkommenheit meines Lebens bewusst wurde. *Herr, bring mich zurück in die Zeit, als alles normal und vertraut war, bevor ich erkannte, wie sehr ich mich in meiner selbst verschuldeten Unsicherheit verstrickt habe. Damals war mein Leben gemütlich und bequem.* Aber damals war ich eine Sklavin.

Meine Art zu leben, all mein Bemühen, mich als würdig zu erweisen, der ganze Aufwand, den ich betrieb, damit es mir gut ging und ich mich wohlfühlte ... nun, das war keine Freiheit. Hier haben wir das Problem mit den Komfortzonen. Sie sind eine einzige, harmlos aussehende Lüge, die uns vorgaukelt, wir könnten immer in ihrem Schutz bleiben. Das Gegenteil ist wahr. Der Rückzug in die Komfortzone hält uns davon ab, wirklich zu leben.

110

Als die Kinder noch klein waren und wir oft in den Park gingen, kamen wir nur langsam voran. Es lagen so viele Schätze auf der Erde, die eingesammelt werden mussten: Kiefernzapfen, Steine, eine Pusteblume, die wir aus der Ritze des Bürgersteigs pflückten.

„Mama, ist das lebendig?", fragten sie dann oft.

Ich antwortete wie eine gute Pädagogin: „Sag du es mir! Kann es wachsen?"

Als Definition für das Leben ist das vielleicht ein bisschen zu einfach, aber meistens passte es. Wächst der Stein? Nein. Also lebt er nicht. Wächst die Butterblume? Ja, sie lebt. Wächst der Stock? Nein, er lebt nicht. Und der Ast? Er wächst, also lebt er.

Unsere Komfortzonen sind meist so angelegt, dass sie uns wie eine Blase umgeben, betäuben, in Unwissenheit halten und von allem ablenken, was uns Unbehagen bereiten könnte. Dann tun wir so, als wären wir lebendig.

Aber wachsen wir? Nein.

Selbst meine Kinder hätten gewusst, dass das kein Leben ist.

Nach unserer Reise war mir klar, dass ich meine Identität neu entdecken musste. Ich schämte mich für den Selbstschutz-Panzer, mit dem ich mich umgeben hatte, ohne zu bedenken, welchen Schaden ich anderen damit zufügte. Nun stand ich mit nach oben gerichteten Handflächen da, verletzlich und zerbrechlich wie eh und je, aber voller Verlangen, heil zu werden. Ich wollte wachsen und lebendig sein.

Hoffentlich würde Vivian recht behalten und das wahre, *erfüllte* Leben würde beginnen, sobald ich mit vorsichtigen Schritten aus meiner Komfortzone heraustrat. Ich wollte die Umklammerung dessen, was mir bisher Halt und Geborgenheit versprochen hatte, lösen. Es gab so viele Bereiche meines Lebens, die mir noch fremd waren – sie wollte ich endlich erforschen.

Es sollte mir egal sein, ob ich dabei nass wurde. Auch auf die Kapuze wollte ich verzichten, während ich von der Gischt eingehüllt war, die in der Sonne glitzerte. Konnte es sein, dass Gott mich einlud, unter den Wasserfall zu treten und seine mächtige Gnade, Liebe und Freiheit über mich strömen zu lassen? Würden so die Verletzungen und die Unsicherheit weggespült, weggerissen werden? Was mir bevorstand, war kein leichter Prozess. Aber es gab keinen anderen Weg, um zu wachsen und zu leben. Dieses Bedürfnis nach Sicherheit sollte mich nicht mehr bestimmen, ich wollte meinen Griff lösen, die Hände öffnen, Wahrheit empfangen. Es galt, Vertrauen zu lernen und dem Wasser zu erlauben, mich sanft zu brechen, zu heilen, zu glätten und wiederzubeleben. Ich hatte lange genug in der Sklaverei gelebt. Herr, mache mich frei.

Der Wunsch nach Geborgenheit ist nicht grundsätzlich falsch, aber wenn er uns bremst, uns gefühllos und taub macht, dann hat er zu viel Einfluss gewonnen. Wer kennt das nicht? Sind unsere Selbsthilfestrategien so wichtig, dass wir lieber auf das Leben verzichten, als sie loszulassen? Doch Jesu Einladung zu wirklicher Ruhe umfasst mehr als eine weiche Couch, kuschlige Pantoffeln und Edel-Schokolade. Wenn wir in uns selbst hineinhören und uns fragen, warum dieses Verlangen nach Sicherheit und Schutz so stark ist, dann brauchen wir Mut, um die falschen Sicherheiten loszulassen und darauf zu vertrauen, dass das Leben und die Freiheit dort anfangen, wo unsere Komfortzone endet.

Wer mit Christus lebt,
wird ein neuer Mensch.
Er ist nicht mehr derselbe,
denn sein altes Leben ist vorbei.
Ein neues Leben hat begonnen!

2. KORINTHER 5,17 (NLB)

Tagebuch mit Bleistift

Nr. 10

DEN RETTUNGSRING ERGREIFEN

Was würden wir mitnehmen, wenn unser Haus in Flammen stehen würde? Früher hätten die meisten Menschen ihre Fotoalben mitgenommen, denn die waren unersetzlich. Jetzt sind unsere Fotos in Clouds gespeichert (worunter ich mir immer noch nicht viel vorstellen kann) und die Antworten auf diese Frage sind breiter gefächert. Ich würde die Tagebücher retten, die in meinem Büro auf einem Regal liegen.

Ich habe früh angefangen, Tagebuch zu schreiben. Meine Schwester verarbeitet ihre Themen, indem sie darüber redet oder etwas unternimmt, aber ich bin introvertiert und brauche Zeit für mich alleine, um mein Leben zu begreifen. Ich kann am besten nachdenken, wenn ich ein unliniertes Notizbuch und einen Bleistift habe. Die Bücher, die ich als Jugendliche füllte, enthalten die Berichte meiner Tagesereignisse, wer in wen verliebt war und was mir sonst noch wichtig war, als ich 10, 14 oder 19 Jahre alt war.

Später hatte ich Freude daran, bei Vorträgen mitzuschreiben. Entsprechend enthalten die Bücher meiner Zwanzigerjahre viele Mitschriften von Predigten und Bloggerkonferenzen, dazu gelegentliche Einkaufslisten. Unlängst fand ich eine Kiste mit alten Tagebüchern aus der Kleinkindzeit von Mason und Audrey, in denen sie herumgekritzelt haben, wenn ihnen langweilig war. Diese zerfledderte Sammlung in geblümtem oder gestreiftem Einband, die mein Leben dokumentiert, ist mein kostbarster Besitz.

Während mir immer bewusster wurde, wie schwer ich an der Last meiner Selbstwertprobleme trug, wurden meine Tagebücher zu Gebetsbüchern. Vertraulich und ehrlich stellte ich darin meine Fragen an Gott, gelegentlich notierte ich auch Antworten. Ich war ausgelaugt und ruhebedürftig und schreibend bearbeitete ich meine Themen. Das tat ich auch eines Morgens in einem Café, wo ich mit meinem Tagebuch und einer verzweifelten Seele an einem etwas versteckten Tisch saß.

Vor mir stand ein Becher entkoffeinierter Kaffee, dazu hatte ich mir ein Stück Kürbiskuchen gegönnt. Mein Stift kratzte übers Papier und offenbarte mir, was ich fühlte. Krakelig und so schnell ich konnte, schrieb ich die Gedanken nieder, die in mir aufstiegen.

Die Erwartungen lasten schwer auf mir, schrieb ich. *Selbstauferlegt. Unablässig. Sie drücken mich nieder, rauben mir den Atem, ersticken mich.*

Ich drückte meine rechte Handfläche gegen meine Brust. Das tat ich oft, denn es half gegen den unsichtbaren Kloß, der einfach nicht verschwinden wollte. Da entfaltete sich auf einmal eine Szene in meinem Kopf und mein Stift eilte wieder übers Papier.

Ich rudere mit meinen Armen, schlage um mich, versuche, mich über Wasser zu halten.

„Alles gut", keuche ich und versuche ein Lächeln, aber tatsächlich erfüllt mich blankes Entsetzen.

Das Wasser unter mir ist schwarzblau, so dunkel, wie es in meiner Seele ist. Ich spiele etwas vor, während ich vollkommen erschöpft bin. Meine Beine treten verzweifelt gegen das tiefe Wasser an. Jesus steht neben mir, beobachtet mich. Ist er in einem Boot? Steht er auf dem Wasser? Er wartet geduldig, den Rettungsring in seiner Armbeuge haltend. Der Ring ist so, wie er am Turm der Rettungsschwimmer hängt.

Er ruft mir zu, erinnert mich: „Ich bin hier. Halte dich fest!"

„Alles bestens", gebe ich zurück, „ich bin froh, dass du da bist, Jesus. Ich kann dich sehen und ich vertraue dir. Ich glaube an dich."

Dann wurde es eigenartig. Ich hatte das Gefühl, dass der Heilige Geist die Führung meiner Hand übernahm.

Bist du von mir abhängig?, schrieb ich, als würde Gott selbst zu mir reden. *Oder machst du alles selbst?*

Ich schloss die Augen und atmete tief ein, trank einen Schluck Kaffee und dann schrieb ich weiter.

Ich will dir Ruhe geben, ging es weiter. *Ich werde dir zeigen, wer ich bin. Sei nur ganz still.*

Die Szene war zu Ende. Das Bild des Wassers, des Rettungs-rings und meines kämpfenden Selbst verschwand. Ich schloss mein Tagebuch und wandte mich den Aufgaben des Tages zu, begleitet von dem Gedanken, dass ich etwas Wichtiges erlebt hatte. Als ich spät am Abend noch einmal mein Buch aufschlug, war ich überrascht.

Ich hätte schwören können, dass ich geschrieben hatte: *Ich werde dir zeigen, wer du bist.* Darauf hoffte ich doch schon so lange. *Bitte Herr, zeige mir, wer ich bin*, betete ich oft. Aber da stand etwas anderes. War das die Antwort, nach der ich schon lange suchte?

Ich werde dir zeigen, wer ich bin.

Ging es gar nicht um mich? Ging es um ihn?

Ich wusste viel über Gott und glaubte von ganzem Herzen an ihn, aber vielleicht hatte er einen Grund, diese Fragen in mein Buch zu schreiben? Verließ ich mich zu sehr auf meine eigenen Fähigkeiten und mein Bemühen? Mehr als auf ihn? Nein, ich verleugnete ihn nicht. Ich glaubte an ihn und wusste, dass er immer da war, bei allem, was ich tat. Aber ich lächelte ihn an, als ob es mir gut ginge, während ich immer tiefer sank und immer kraftloser wurde. Es war extrem anstrengend, diesen „Alles gut"-Anschein aufrechtzuhalten. Ich dachte, ich hätte alles im Griff, aber während ich meinen eigenen Vorstellungen vom Leben vertraute, war ich dem Ertrinken nahe.

Als unsere Kinder klein waren, nahmen sie bei Miss Jody Schwimmunterricht. Sie war Lehrerin und nutzte ihren Pool in den Sommerferien für Schwimmkurse, war freundlich und konnte mit Kindern gut umgehen. Mit ihren Wasserschuhen, dem langärmligen Schwimmanzug, ihrer mit Zinksalbe eingecremten, weißen Nase und dem verblichenen Strohhut sah sie

Entkoffeinierter Kaffee

beeindruckend aus. Wenn die Kinder zum ersten Mal mit dem Kopf unter Wasser gehen oder vom Flachen ins Tiefe schwimmen sollten, war sie unerbittlich. Es war ihre Verantwortung, dass diese Kleinen schwimmen lernten – und das gelang ihr immer, in nur zwei Wochen.

Es gab in jeder Gruppe ein paar wasserscheue Kinder, die das Kinn über Wasser hielten und Miss Jody fest umklammerten, wenn diese sie ins Wasser zog. Jene Kinder konnten nicht entspannt auf dem Wasser liegen, weil ihre Arme und Beine panisch herumruderten. Weil sie beim Schwimmen versuchten, den Kopf möglichst weit über dem Wasser zu halten, sanken sie mit der Hüfte immer tiefer und ihr Schwimmstil erinnerte an das Paddeln eines Hundes, was Miss Jodys nicht gefiel.

Die Neulinge konnten der Lehrerin nur schwer vertrauen. Würde Miss Jody wirklich auf sie aufpassen? Funktionierte das Gleiten und Schwimmen, wie Miss Jody es ihnen zeigte? Vertrauen entsteht allmählich, während man sich immer besser kennenlernt. Meine Kinder waren kleine Wasserratten. Sie wussten, Miss Jody war absolut vertrauenswürdig, und sie besuchten die Kurse in sechs aufeinanderfolgenden Jahren. Ich staunte jedes Mal, wie gegen Ende eines Kurses auch die Kinder, die zunächst eher an wasserscheue Kätzchen erinnerten, mit ruhigen Zügen durchs Becken glitten und sogar schon ein bisschen kraulen und Rückenschwimmen konnten. In zwei Wochen hatten sie gelernt, sich im Wasser zu entspannen und auch den Kopf ins Wasser einzutauchen.

● ● ● ● ●

Manchmal ist es am einfachsten, sich selbst zu vertrauen und sich auf die eigenen Fähigkeiten und Bemühungen zu verlassen – auch wenn es nicht immer effektiv ist, es ist zumindest weniger riskant. Dabei sind wir wie die Kinder im Pool. Unsere Fähigkeiten sind begrenzt, unser Wissen ist unvollständig und wir verschwenden unsere Kraft mit ängstlichen Bewegungen. Gleichzeitig steht die erfahrene Lehrerin mit besten Absichten neben uns und wartet darauf, dass wir uns zeigen lassen, wie es leichter geht. Wir müssen nur kurz innehalten.

Das Bild, das der Heilige Geist mir gezeigt hatte, erschütterte mich. Statt mir helfen zu lassen, strampelte ich mich ab. Obwohl ich an Gott glaubte, vertraute ich ihm nicht. Ich schwankte zwischen dem Glauben an ihn und dem Glauben an mich selbst und machte mir selbst das Leben schwer. Jesu Einladung zu wirklicher Ruhe war genau, was ich brauchte. Aber an diesem Vormittag im Café verstand ich es: Mein eigensinniges Selbstvertrauen versperrte mir den Weg. Jesu Einladung war klar definiert: *Halte dich fest! Ich bin da. Ich helfe dir!*

Warum fiel es mir so schwer, meine eigenen Vorstellungen, Pläne und Herangehensweisen gegen Gottes Wege einzutauschen? Warum strampelte ich mich ab und suchte nach Liebe, Annahme und Identität, statt mich ihm anzuvertrauen und von ihm heilen zu lassen? Letztlich war es alles eine Frage des Vertrauens.

Um vertrauen zu können, muss man sich dem anderen in gewisser Hinsicht ganz ausliefern und annehmen, dass er gute Absichten hat. Vertrauen ist einfach, wenn nicht viel auf dem Spiel steht. Ich vertraue meinem Zahnarzt, dass er meine Zähne gut reinigt, auch wenn ich nicht verstehe, was er tut. Ich vertraue dem Mathelehrer, dass er meinem Kind Algebra beibringen wird (Gott segne alle Mittelstufen-Lehrer). Ich vertraue dem Taxifahrer, dass er den direkten Weg nimmt, und dem Kellner im Café vertraue ich, dass er mir wirklich entkoffeinierten Kaffee bringt. Tag für Tag bin ich in Situationen, in denen ich anderen Menschen vertrauen muss, aber wenn mehr auf dem Spiel steht und es um meine Identität, meine tiefsten Bedürfnisse oder meine schlimmsten Ängste geht, dann wird Vertrauen schwieriger.

Kontrolle und Bequemlichkeit aufgeben, auf Geschäftigkeit verzichten, Vergleiche nicht zulassen, das Unkraut herausreißen, das uns zu ersticken droht, das alles braucht *umfassendes* Vertrauen. Bevor wir wirklich vertrauen können, müssen wir den anderen gut kennen.

Ich hätte mir gewünscht, dass Jesus mir zeigt, wer ich bin, doch er lädt mich zur Ruhe ein mit dem Versprechen, mir zu zeigen, wer *er* ist. Das bietet er jedem von uns an.

Wir schauen ihm in die Augen, heben langsam den Arm, strecken uns ihm entgegen und greifen nach dem Rettungsring, den er uns hinhält. *Herr, ich höre dir zu. Sag mir, wer du bist.*

Rettungsring

TEIL DREI

EINGELADEN,
DEN NATÜRLICHEN RHYTHMUS
DER GNADE ZU ÜBERNEHMEN

Popcorn

$\mathcal{N}$ r. 11

BEWUSST SEHEN

Unser Kino zeigte jetzt auch 3-D-Filme und die Kinder waren begeistert. Wir kauften die Tickets und einen extragroßen Eimer Popcorn, setzten unsere schwarzen 3-D-Brillen auf und ließen uns in eine herrlich fiktive Geschichte entführen. Es ist immer schön, den Lieblingsschauspieler auf der Kinoleinwand zu sehen, aber es ist noch etwas ganz anderes, wenn man das Gefühl hat, sich mitten im Geschehen zu befinden und alles berühren zu können. Ein tolles Erlebnis für alle, deren Augen mit 3-D-Brillen kooperieren.

Ich wurde mit einem Augenleiden namens Strabismus geboren, was auch als „Schielen" oder „träges Auge" bezeichnet wird. Ja, ich gehöre zu den Personen, bei denen ein Auge abschweift und bei denen man nie weiß, mit welchem Auge man Blickkontakt aufnehmen soll. Ich wurde drei Mal daran operiert: mit 3, 10 und 18 Jahren. Immer wurde ein kleines Stück des Muskels entfernt, um das Auge besser festhalten zu können und die Ausrichtung meiner Augen einigermaßen zu normalisieren. Aber trotzdem funktioniert die Zusammenarbeit meiner Augen nicht gut. Das rechte Auge ist dominant und fokussiert sich auf das, was ich sehen will, das linke Auge ist träge und überlässt dem anderen Auge gern die Seh-Arbeit. Ich benutze die beiden

Augen also nicht gleichmäßig. Von daher fällt mir alles schwer, was zwei Augen erfordert und deshalb funktionieren 3-D-Filme bei mir nicht.

Meine Sehkraft ist gut und die Operationen haben die Ausrichtung der Augen verbessert, sodass ich meine Gesprächspartner nicht mit einem umherwandernden Auge irritiere. Nur die Zusammenarbeit der beiden Augen erfordert regelmäßiges Üben, Mühe und Aufmerksamkeit. Als Kind trug ich eine Brille, die teilweise abgeklebt war. So wurde das linke Auge gezwungen, sich anzustrengen. Auf alten Familienfotos bin ich das kleine rothaarige Mädchen mit Pferdeschwanz und einer Augenklappe. Meine Mutter sagt, wir hätten abends immer Augengymnastik gemacht, aber daran kann ich mich nicht erinnern. Wahrscheinlich hat sie die Übungen mit so viel Spaß präsentiert, dass ich dachte, wir würden ein Spiel spielen. Sie war eine lustige Mutter.

Unsere Augen sind so angelegt, dass sie die Last teilen und zusammenarbeiten sollten. Außerdem sind sie so geschaffen, dass sie räumlich sehen und wir die Welt dreidimensional wahrnehmen können. Meine Augen machen das nicht von sich aus, was teilweise auch ein Segen ist. So werde ich immer daran erinnert, dass ich darauf achten muss, richtig zu sehen.

Ich begegnete meinem zukünftigen Schwager das erste Mal in einem großen Modeladen. Meine Schwester Amy konnte es kaum erwarten, mich mit ihrem neuen Freund bekanntzumachen, und ich hatte gerade Semesterferien. Wir beschlossen, gemeinsam shoppen zu gehen, damit das Ganze nicht zu verkrampft würde. Hier kann ich mich vor allem an zwei Details erinnern: Erstens, Eric hatte blondierte Haarspitzen und trug eine Puka-Muschelkette (was damals tatsächlich modern war) und zweitens nahm er eine Hose, hielt sie mir hin und meinte: „Die würde dir toll stehen!"

Ich mochte ihn auf Anhieb.

Eric ist die klügere, sozialere, männliche Ausgabe von mir. Er ist ein Gefühlsmensch und ein Denker; er arbeitet hart und liebt seine Familie; er ärgert sich über seine Unsicherheiten und gibt das offen zu. Im vergangenen Jahr hat er gemeinsam mit einem Coach einige Dinge aufgearbeitet.

Ich fragte ihn, was ihn veranlasst hätte, Hilfe zu suchen, und seine Antwort traf mich: Seit er Amy vor 16 Jahren gefragt hatte, ob sie ihn heiraten wolle, hatte er keine proaktive Entscheidung mehr getroffen. Alles, was danach kam, geschah einfach – Kinder, Hund, Haus, Arbeit. Er war es leid, Zuschauer seines eigenen Lebens zu sein. Dabei war alles, was sich entwickelt hatte, genau richtig, nichts davon hätte er sich anders gewünscht, aber er würde gerne eine aktivere Rolle in den Entwicklungen spielen. Das kann ich absolut nachempfinden.

Das Leben entfaltet seinen Rhythmus und wir schwingen mit. Oft geschieht das nicht absichtlich. Wie wir werden und was wir tun, hat sich häufig einfach so ergeben. Wir halten uns an die Regeln, die in unserer Familie, Gemeinschaft oder Kultur gelten, hinterfragen nicht und denken nicht zu viel über die Details nach. So übernehmen wir Denkweisen und Verhaltensmuster, erlauben ihnen, unser Wesen zu prägen – so lange, bis es nicht mehr geht.

Obwohl sein Leben rundum ideal war, fühlte Eric sich zunehmend leer und bedeutungslos. Auch bei mir war das so, die Unsicherheiten, die mich zurückhielten, wurden sichtbar und ließen sich nicht mehr ignorieren und auch der dumpfe Schmerz in meiner Seele wurde spürbar. Jeder von uns lebt seine eigene Geschichte, aber Gott möchte behutsam das Verlangen nach ihm und einem erfüllten Leben freilegen. So wie meine Augen wehtun, wenn sie nicht so zusammenarbeiten, wie Augen das normalerweise tun sollten, so schmerzt unsere Seele, wenn wir nicht so leben, wie es für uns schöpfungsgemäß wäre. Diesen Schmerz sollte man ernst nehmen.

• • • • •

Jesus hat ein Angebot für alle, die einfacher und zielgerichteter leben wollen: „Geh mit mir mit und arbeite mit mir", sagt er. „Schau mir zu, wie ich es mache. Entdecke den natürlichen Rhythmus der Gnade. Ich werde dir nichts Schweres oder Unangemessenes auferlegen" (Matthäus 11,28-30 frei nach der Message Bible, MSG).

In vielen Bibelübersetzungen wird hier von einem „Joch" gesprochen: „Nehmt mein Joch auf euch. Ich will euch lehren" (NLB).

Ein Joch ist ein Holzbalken, der über die Schultern von zwei Ochsen oder Eseln gelegt wird, damit sie sich gleichmäßig bewegen, während sie einen Pflug oder einen Wagen ziehen. Auf den ersten Blick passt dieses Bild nicht in den Zusammenhang. *Jesus, es geht doch um Ruhe. Warum redest du jetzt von schwerer Arbeit?* Aber bei näherem Hinsehen wird klar, warum Jesus das hier sagt. Jesus verspricht uns kein problemloses, leichtes Leben. Seine Nachfolger werden Schönheit, Güte und Wahrheit erleben, aber auch Schwierigkeiten, Traurigkeit und Verlust. Dabei sollen wir uns weder verstecken noch gefühllos werden. Wir sind dazu bestimmt, lebendig zu sein, und das ist anstrengend.

Es liegt an uns, wie wir leben. Wir können auf Autopilot schalten und uns wie die Metallkugel in einem blinkenden Flipperautomaten herumschießen lassen. (Eric wird einwenden, dass dies keine gute Idee sei.) Wir können aber auch mit Do-it-yourself-Entschlossenheit durchs Leben gehen und unseren Wert aus den Umständen, Erfolgen, Beziehungen, Besitz und Likes ziehen. (Mein Tipp: auch keine gute Idee.) Oder wir machen es so, wie Jesus es vorschlägt: Wir vertrauen seiner Wahrheit, geben unsere unabhängige Lebensweise, die zu Unzufriedenheit und Erschöpfung führt, freiwillig auf und orientieren uns an ihm. Müssen wir dann trotzdem noch ein Joch tragen und einen Pflug ziehen? Ja. Aber wenn wir mit Jesus gemeinsam arbeiten, wird er dafür sorgen, dass es für uns nicht zu schwer oder unangenehm wird.

Boot

Die Hintertür flog auf, Mason warf seinen Rucksack ab und fragte, ganz außer Atem, weil er vom Bus bis nach Hause gerannt war: „Kommst du mit zur Exkursion?" Als Selbstständige kann ich mir meine Arbeitszeit frei einteilen und liebe es, die Schulklassen meiner Kinder zu begleiten. Ich war auf dem Kürbisfeld dabei, im Historischen Museum des Staates Washington, im Zoo und im Tierpark, wir haben Lachse im Fluss besucht, das Kunstmuseum, Chinatown, und nun würde ich mit den Fünftklässlern an der Pfadfinderausbildung in Camp Seymore teilnehmen.

Bei dem mit Spannung erwarteten Ausflug wurden wir in kleine Gruppen aufgeteilt, die reihum an vier Aktivitäten teilnahmen, betreut von engagierten CVJM-Mitarbeitern. Der Reptilienraum mit seinen Skeletten, Häuten, lebenden Schlangen und Eidechsen war weniger gruselig, als ich befürchtet hatte. Das Bogenschießen erwies sich als unterhaltsame Herausforderung, bei der die Pfeile wild umherflogen und nur selten das Ziel trafen. Das Zerlegen eines Tintenfisches war genauso stinkig und klebrig, wie damals im Biologieunterricht. Am meisten mochte ich die Kanufahrt.

Die Kinder taten sich paarweise zusammen, zogen ihre orangefarbenen Schwimmwesten an und kletterten vorsichtig in die schwankenden Aluminiumboote. Es war ein milder Frühlingstag, aber trotzdem war das salzige Wasser des Puget Sound kalt, sodass nicht einmal die Mutigsten riskieren wollten, hineinzufallen. Ich stand mit den anderen Begleitpersonen auf dem Steg und beobachtete amüsiert das Geschehen. Einige Boote kamen kaum von der Stelle, andere drehten sich im Kreis. Wir sahen Paddler, die sich gegenseitig behinderten und nur schwankend und unkontrolliert vorankamen. Doch dann kamen Mason und sein Kanupartner Noah. Geschmeidig und zügig glitten sie bis zur entferntesten Boje und zurück, ohne sichtbare Anstrengung. Ich war stolz (mein Kind!) und nicht überrascht. Mason ist mit Booten aufgewachsen und kennt das Geheimnis: Teamwork! Einer muss den Rhythmus vorgeben, und wenn der andere mitmacht, bewegt sich das Kanu zielstrebig durchs Wasser.

Jesus hat den Rhythmus vorgegeben und lädt uns ein, seinem Beispiel zu folgen. So lernen wir, wie man entspannt, zielgerichtet und in Frieden leben kann. Aber wie geht das konkret?

Am liebsten hätte ich jetzt eine Checkliste. Ich tue, was da steht, hake Punkt für Punkt ab und schon führe ich ein erfülltes Leben. Aber damit wäre ich wieder am Ausgangspunkt, gefangen im eigenen Bemühen, in Stolz und Vergleichen, wieder würde ich versuchen, meinen Wert zu verdienen und würde daran scheitern. Bei der Nachfolge geht es nicht darum, Regeln einzuhalten oder das richtige Verhalten an den Tag zu legen. Das entspräche eher der Sklaverei, aus der Jesus uns befreit hat (Galater 5,1).

Nein, er lädt uns ein, mit ihm zu gehen, mit ihm zu arbeiten und zu beobachten, wie er lebt, damit unser Herz und unser Verstand erneuert werden. Er lebt uns das Beten und Fasten, das Lesen der Heiligen Schrift, das Feiern und die Gemeinschaft vor, den Sabbat, die Stille und Einsamkeit (und vieles andere) und fordert uns auf, es ihm gleichzutun. So wird unser Denken und Fühlen stabilisiert und unsere Liebe zu Gott vertieft.

Ich muss mein Checklisten-liebendes Ich daran erinnern, dass die geistlichen Disziplinen zwar wertvoll, aber nur Mittel zum Zweck sind. Das Ziel ist Transformation, die dauerhafte, tiefgreifende Veränderung der Seele. Jesus will uns ewige Erlösung schenken, wir werden für immer mit ihm leben. Doch wir sollen das Leben der Fülle auch *jetzt schon* genießen.

Wir können Unruhe und Angst gegen Zuversicht und Frieden eintauschen. Statt uns abzumühen, dürfen wir in seinen ewigen Rhythmus der Gnade kommen. Dann geschieht etwas Wunderbares: Unser Verständnis davon, wer wir sind, wer Gott ist und wie ein erfülltes Leben aussieht, wird sich den Vorstellungen Jesu angleichen.

Der dumpfe Schmerz, den ich so lange ignoriert hatte, richtete meine Aufmerksamkeit auf Gottes Handeln in mir. Ich stand an der Schwelle zu großen Veränderungen in meinem Denken und Fühlen, die ich endlich annehmen konnte.

Wenn die Seele schmerzt und wir uns nach echter, innerer Veränderung sehnen, dann lädt Jesus uns ein. Er will uns in seinen entspannten Rhythmus der Gnade mit hineinnehmen. Im Gleichschritt mit ihm werden wir unsere wahre Identität finden. Wir können uns selbst keinen größeren Gefallen tun, als unseren gewohnten Lebensrhythmus zu unterbrechen und alles zum Stillstand zu bringen. Dann können wir atmen, Zusammenhänge aufdecken, Dinge verarbeiten, nachdenken und Antworten finden.

Mit der Achtsamkeit kommt die Sehfähigkeit – wenn wir aufmerksam sind, beginnen wir zu sehen.

So spricht der allmächtige Herr,
der Heilige Israels:
Durch Umkehr und Ruhe
könntet ihr gerettet werden.
Durch Stillsein und Vertrauen
könntet ihr stark sein.

JESAJA 30,15 (NLB)

Partyhütchen

Nr. 12

40 MAL 40

Selbstreflexion hat mich schon immer fasziniert, weshalb ich meinen Collegeabschluss in Kinder- und Familienpsychologie gemacht habe. Persönlichkeitstests, zwischenmenschliche Kommunikation, Gruppendynamik, Geburtsreihenfolge … solche Dinge faszinieren mich. Entsprechend hat mich auch das Enneagramm von Anfang an interessiert.

Es ist ein Klassifizierungssystem der Persönlichkeiten, das in den letzten Jahren immer mehr an Popularität gewonnen hat. Das Konzept ist nicht vollkommen, aber es hilft mir, Phänomene zu beschreiben, die ich zwar in mir wahrnehme, aber nur schwer erklären kann. Dabei beschäftigt sich das Enneagramm nicht nur mit den verschiedenen Verhaltensweisen, sondern auch mit den zugrundeliegenden Ursachen und Bedürfnissen. Man kann mit einem Test herausfinden, welcher der neun Typen man ist, aber viel schöner ist es, die Beschreibung aller Typen zu lesen. Wenn man dann plötzlich das Gefühl hat, im eigenen Tagebuch zu lesen, und sich fragt: *Woher wissen die das?*, dann hat man vermutlich seinen Typ gefunden.

Die Neuner werden auch als Friedensstifter bezeichnet und nichts könnte meine Persönlichkeit besser beschreiben. Ich hasse Streit. Egal, um was es geht, ich verstehe immer alle Seiten, ich kann zuhören und bin empathisch. Man ist gern mit mir zusammen und ich bin sehr anpassungsfähig. Werde ich nach meiner Meinung gefragt, tue ich mich schwer, oft schwanke ich zwischen den unterschiedlichen Positionen. Doch selbst wenn ich einen klaren Standpunkt habe, äußere ich ihn nur ungern, denn ich möchte nicht in Konflikt mit den anderen geraten.

Müssen in einer Gruppe Entscheidungen getroffen werden, halte ich mich zurück, denn es wäre mir unangenehm, für eine falsche Entscheidung verantwortlich zu sein. Wenn Ryan mich fragt, in welches Restaurant wir gehen sollen, sage ich meist: „Für mich ist das egal. Entscheide du." Selbst wenn ich eine Vorliebe habe, überlasse ich ihm die Wahl. Ich will keinen stören und alle sollen mich mögen, dann ist meine Welt in Ordnung.

Die Kehrseite ist jedoch, dass ich die Vorlieben und Wünsche meiner Umgebung übernehme und nicht weiß, was ich selbst möchte. In der Sprache des Enneagramms bin ich ein Typ, der sich selbst leicht aus dem Blick verliert.

Kein Wunder, dass ich in Bezug auf meine Identität unsicher war. Ich hatte mir angewöhnt, mich zurückzuhalten, keine eigene Meinung zu haben und zu tun, was man von mir erwartete (oder: was ich dachte, was man von mir erwartete). Um des lieben Friedens willen unterdrückte ich alles, was mich besonders machte und von anderen unterschied. Das hing teilweise damit zusammen, dass ich immer nach Anerkennung suchte und Enttäuschungen vermeiden wollte, aber es war auch das charakteristische Verhalten meines Persönlichkeitstyps.

Einmal wurde mir die schlichte Frage gestellt: „Was ist Ihnen wichtig?" Mir fiel beim besten Willen nichts ein. Die Worte kreisten in meinem Kopf, mein Puls schoss in die Höhe und ich konnte keinen klaren Gedanken fassen. Schließlich brachte ich ein paar Worte heraus, die besagten, dass ich gerne eine Mutter sein würde, die ihre Kinder rechtzeitig von der Schule abholt. Ja, als Vorschülerin musste ich meine Mutter oft aus der Telefonzelle vor der Sporthalle anrufen, weil sie regelmäßig vergaß, mich nach dem Volleyballtraining abzuholen. Das wollte ich meinen Kindern ersparen. Aber ernsthaft, war das alles, was mir wichtig war?

Stiefel

Meine Selbstvergessenheit tritt immer dann in Erscheinung, wenn ich nicht damit rechne. Eines Tages brauchte ich neue Hausschuhe, denn meine blauen Mokassins fielen endgültig auseinander, das Fell war plattgelaufen und die Lederschnüre brachen. Weil ich zu Hause arbeite, sind meine Füße fast immer kalt, deshalb sind kuschlige Hausschuhe für mich ein wichtiges Utensil. Wenn ich keinen Termin außer Haus habe, ziehe ich sie morgens an und behalte sie an den Füßen, bis ich abends ins Bett gehe. Von daher hatte ich mich dazu durchgerungen,

139

mir echte *UGGs* zu leisten, die kultigen, knöchelhohen Boots aus australischem Lammfell.

Ich war gerade beim Online-Shopping, als Ryan in mein Büro kam. „Ich bestelle neue Hausschuhe. Welche gefallen dir am besten?", fragte ich.

Er fand alle hässlich. Vermutlich verstehen die wenigsten Männer, was Frauen an diesen klobigen Wildlederstiefeln schön finden.

„Okay, welche sind am *wenigsten hässlich*?"

Er zeigte auf die niedrigen grauen Stiefel. Ich legte sie in meinen Warenkorb und ein paar Tage später standen sie auf unserer Veranda. Seither trage ich sie jeden Tag und sie erfüllen ihren Zweck. Doch eigentlich hatte ich mir schon immer die braunen UGGs gewünscht, nur leider wusste ich das nicht.

Ich wusste nicht, was ich wollte – weder im Großen noch im Kleinen. Mit jedem Tag, der hinter mir lag, wuchs mein Gefühl, wieder ein bisschen mehr verschwunden zu sein. Nicht im positiven, biblischen Sinn der Selbstverleugnung, sondern indem ich als Person immer kleiner wurde, mich zunehmend schützte und verbarg. Diese reduzierte Version meiner selbst bereitete meinem Schöpfer keine Ehre. Auch für die Menschen, die ich am meisten liebte, war ich kein ehrliches Gegenüber. Ich brachte mich mit meinen Gaben nicht in der Welt ein und das Licht, das Gott in mir entzündet hatte, versteckte ich unter einem Eimer. Dabei nahm das Gefühl, unsichtbar und unbedeutend zu sein, ständig zu. Ich wurde nicht gesehen und war nicht wichtig.

Um mit Jesus und in seinem Rhythmus der Gnade unterwegs zu sein, musste ich mich an die Oberfläche wagen und einbringen, so wie ich war. Um das zu üben, beschloss ich, eine Liste anzulegen.

• • • • •

Die Idee stammte von meiner Jugendfreundin. Sie war inzwischen 39 Jahre alt und weit von dem entfernt, was sie sich erträumt hatte. Da gab Gott ihr die Idee, eine Liste der Dinge zu erstellen, die ihr Frieden und Hoffnung gaben und die sie tun wollte, bevor sie vierzig war. Auch ich war 39 und auch mein Leben war nicht so, wie ich mir das gewünscht hatte. Zwar war ich glücklich verheiratet, hatte vier gesunde Kinder und ein schönes Haus in einer freundlichen Stadt, aber in mir war eine schmerzliche Sehnsucht nach Ganzheit. Ich hätte zu gern gewusst, wer ich bin, und hoffte nun, diese Liste würde mich der Antwort näherbringen.

Zumindest überlegte ich mit ihrer Hilfe, was mir Freude machte und mich im kommenden Jahr weiterbringen würde. Die Liste half mir, weniger über das nachzudenken, was andere von mir erwarteten oder wofür ich Anerkennung bekommen würde. Stattdessen fragte ich mich, worüber ich mich freute, wofür ich dankbar war und was mich mit Frieden erfüllte. Ich kam auf vierzig Punkte. So entstand meine 40-mal-40-Liste.

Es gab ein paar Dinge, die ich faszinierend fand:

Mit Sauerteig Brot backen. Zunächst klappte alles ganz gut. Bis ich eines Tages den Backofen zum Vorheizen einschaltete und nicht daran dachte, dass der Sauerteig im Ofen stand. Die gute Nachricht: Gebackener Sauerteig duftet genauso gut wie

frisches Brot. Die schlechte Nachricht: Ich hatte keinen Sauerteig mehr und die Sauerteigbrot-Phase war beendet.

Im Kindergottesdienst helfen. Als meine Kinder klein waren,
brachte ich sie sonntags immer in die Kinderbetreuung. Die
Mitarbeiter waren freundlich, nahmen die Kinder auf den Arm
und beschäftigten sie, bis ich wieder da war. Ich war ihnen dafür
unendlich dankbar. Nun hatten sich die Rollen verändert und
ich konnte die junge Generation der Eltern unterstützen. Das
machte mich froh.

Ohrringe. In Bezug auf Schmuck war ich sehr bescheiden. Ich

Kreolen

Glitzerstecker

Ohrringe

trug nur meinen Ehering und eine Kette, auf deren Anhänger die Initialen meiner Kinder eingraviert waren. Nun wollte ich mir Ohrringe kaufen, bestellte verschiedene Modelle und trug sie gerne. Dieser Punkt war einfach!

Dann gab es Dinge, von denen ich dachte, dass ich sie *tun sollte: Meine Zähne aufhellen. Eine Mammografie machen lassen. Monatlich einen Brief verfassen.* Keinen dieser Punkte habe ich befolgt.

Ferner gab es auf meiner Liste auch die Punkte, die mit meinen Beziehungen zu tun hatten. *Zeit zu zweit mit Ethan. Verabredung mit Brady. Ein Tag mit Mason. Besondere Zeit mit Audrey.* Ich dachte an Ski fahren, eine Broadwayshow besuchen oder eine Nacht im Hotel verbringen. Nichts davon kam zustande. Doch am Ende des Jahres kam ich zu dem Ergebnis, dass ich eine gute Mutter bin.

Ich liebe meine Kinder und verbringe viel Zeit mit jedem Einzelnen. Ich rede mir ihnen, lese ihnen vor, ich feure sie von der Tribüne aus an, fahre sie überall hin und hole sie auch wieder ab. Ich wollte ihnen zeigen, wie besonders sie für mich sind. Doch dafür brauche ich keinen besonderen Termin, das kann ich ihnen im Alltag ständig beweisen.

Dann gab es noch zwei weitere, immaterielle, aber sehr wichtige Punkte auf meiner Liste: *Heilung für meinen Bauch* und *mich im Badeanzug wohlfühlen.* Über Jahre hatte ich mich kaum um meinen Körper gekümmert. Das wollte ich nun ändern und den Gott, der mich geschaffen hatte, auch dadurch ehren, dass ich auf meinen Körper achtete. Die Versuchung ist groß, unser geistliches Leben von unserem Gefühlsleben und den Körper vom Intellekt zu trennen. Wir schenken einem Bereich besondere

Aufmerksamkeit und ignorieren den Rest. Aber um Heilung zu erfahren und diesen neuen, gnadenvollen Lebensrhythmus zu übernehmen, müssen Körper, Seele und Geist zusammenfinden. Also ging ich zum Arzt und erhielt Eisen intravenös, dazu jeden Tag eine Handvoll Nahrungsergänzungsmittel. Ich machte eine Ausschlussdiät, um die Ursache für meine Magenprobleme zu finden. Außerdem habe ich Zeit und Geld in Fitnesskurse investiert. Nach einem Jahr, in dem ich auf meinen Körper geachtet und mich um ihn gekümmert hatte, verbesserte sich mein Gesundheitszustand deutlich. Ich hatte zwar immer noch nicht den perfekten Badeanzugkörper, aber ich fühlte mich stärker und gesünder und war stolz auf mich.

Es gab aber auch Punkte, zu denen ich nicht kam: *Ein Kinderbuch schreiben. Ein Buch schreiben über unsere Reise durch die USA. Italien bereisen.* Doch das bloße Erkennen und Notieren dieser Träume war schon heilsam für mich.

Wenn wir wissen, wozu Gott uns geschaffen hat – mit all den Wünschen, Gaben und Leidenschaften –, dann können wir diesen Dingen im Alltag Raum geben. Die 40-mal-40-Übung half mir, ich selbst zu werden, zu benennen, was mir Spaß macht, loszulassen, was ich nicht tun möchte und mir selbst mit Barmherzigkeit zu begegnen.

Bist du auf der Suche nach einem neuen Lebensrhythmus der Gnade, Güte und Freundlichkeit dir selbst gegenüber? Dann versuche herauszufinden, was dich lebendig macht, und sorge dafür, dass das in deinem Leben reichlich vorkommt.

Dennoch soll es geschehen,

dass ich sie verbinden

und ihre Wunden heilen werde.

Ja, Jerusalem soll wieder heil werden,

und ich will ihnen

die Fülle von Frieden

und Wohlstand zurückgeben.

JEREMIA 33,6 (ELB)

Kerze

Nr. 13

ER WIRFT KEINEN STEIN

Einer der Punkte auf meiner 40-mal-40-Liste war das Treffen mit einer Enneagramm-Beraterin. Das Enneagramm half mir, mich so zu sehen, wie Gott mich geschaffen hatte, doch iuch wollte unbedingt noch tiefer in die Materie einsteigen, um mich besser zu verstehen und heil zu werden. Als ich wieder einmal mein Lieblings-Enneagramm-Buch aufschlug, fiel mir auf, dass die Autorin in Seattle lebt, nur eine Autostunde nördlich von uns. Sofort rief ich an und vereinbarte einen Termin.

Sie hieß Marilyn und ihre wohltuend ruhige Ausstrahlung fiel mir sofort auf. Ich ließ mich auf ihrem roten Sofa nieder, sie auf dem Stuhl links davon. Sie entzündete eine Kerze, wir schlossen die Augen und wurden still. Gemeinsam machten wir einige tiefe Atemzüge und wurden uns der Gegenwart des Heiligen Geistes bewusst. Dann erzählte ich ihr von meiner inneren Auseinandersetzung mit Fragen zu meiner Identität und der Hilfe, die ihr Buch mir dabei leistete. Würde sie mir helfen, weiter zu wachsen, frei zu werden und herauszufinden, *wer ich eigentlich bin*? Am Ende der Stunde überraschte sie mich mit der Feststellung, dass ich kein Enneagramm-Coaching bräuchte, denn eigentlich würde ich spirituelle Führung suchen.

Dann erklärte sie mir: „Wir fahren jeden Sommer an einen Ort, von dem aus man auf einen Fluss hinunterschauen kann, dessen Wasser sich durch enge Felsen zwängen muss, bevor es sich in ein türkisfarbenes Becken ergießt, das wunderbar still zwischen den Bergen liegt. Du bist jetzt gerade in diesem Fluss. Das Wasser strömt schnell, die Felspassage ist eng und sieht gefährlich aus, so, als könnte sie dir sehr wehtun. Aber du steuerst auf ein Ziel zu. Als spirituelle Begleiterin kann ich dich darin unterstützen, aus den wilden Strudeln der Fragen in das tiefe Becken zu gelangen, wo du weißt, wer Gott ist und wer du bist."

Verschwitzt und zitternd trat ich die Rückfahrt an, aber ich war entschlossen, *bereit*, voller Sehnsucht nach dem tiefen Becken.

Ein spiritueller Coach ist etwas anderes als ein Seelsorger oder Pastor. Marilyn war eine weise Zuhörerin und neugierige Fragestellerin. Sie ermutigte mich, auf die Gegenwart und das Wirken Gottes in meinem Leben zu achten – sie half mir, zu sehen.

Unsere monatlichen Video-Calls begannen damit, dass wir eine Kerze anzündeten, ruhig wurden und auf die Anwesenheit des Heiligen Geistes achteten. Ich wusste vorher nie, worüber ich reden wollte. Genauso wenig wusste ich, was Gott mir sagen wollte. Am Ende jedes Treffens war mein Gesicht tränennass und mein Notizpapier vollgekritzelt. Noch lange danach wirkten die ermutigenden Worte in mir weiter und ich war mir des liebenden Gottes bewusst, der mich sah.

Etwa ein Jahr später erzählte mir Marilyn, wie sie grade die Evangelien las und ein Gebetstagebuch führte. Sie meinte, das könnte vielleicht auch etwas für mich sein – und sie hatte recht. Das bewusste tägliche Lesen der Geschichten von Jesus und das Nachdenken darüber veränderte mein Leben. Davon will ich jetzt berichten.

Ich besitze viele gute Andachtsbücher. Zusätzlich habe ich eine App auf dem Handy, die mir täglich einen Bibelvers zum Lesen vorschlägt. Einmal schrieb ich in meinem Blog über ein Andachtsbuch, in dem ich morgens gern las.

Ein Kommentar darauf überraschte mich: „Ist das wirklich alles, was Jesus von uns kriegen kann? Ein paar Minuten am Morgen? Und dann machen wir mit unserem Tag weiter?"

Ich hätte mich verteidigen können: *Ich habe vier Kinder. Fünf Minuten ist besser als nichts!* Aber tatsächlich leuchtete mir der Gedanke ein. Andachtsbücher sind eine gute Erfindung, das Lesen kurzer Bibeltexte mit einer alltagsrelevanten Erklärung kann sehr wertvoll sein. Doch war ich auch bereit, mehr zu geben? Trug meine „stille Zeit" dazu bei, Gott besser kennen-zulernen, ihm mehr zu vertrauen, mich selbst zu verstehen und herauszufinden, wozu ich auf der Welt war?

Das waren die Fragen, die mich bewegten, während ich mich mit Marilyn traf. Ich sehnte mich danach, zu wachsen und zu lernen und nahm jeden Input gierig auf. Neben meinem Bett türmten sich Bücher zum Thema Identität, emotionale Gesund-heit, Persönlichkeit, Freiheit, gesunde Rhythmen und Gott ver-stehen. Ich hörte Podcasts, während ich das Abendessen kochte, den Boden staubsaugte oder einen Augenblick für mich selbst hatte. Mein Instagram-Account füllte sich mit inspirierenden Zitaten und mein E-Mail-Posteingang quoll über mit Zehn-Schritte-Methoden, wie man Gott hören und seine eigene Bestimmung finden kann.

Ich verschlang Bibelauslegungen, sehnte mich danach, mehr über Gott und die Menschen zu wissen, hörte nur noch Musik mit geistlichen Texten und hielt Ausschau nach weisen Lehrern. Nichts davon war falsch, trotzdem geriet ich zunehmend in die Zuschauerrolle. Ich jubelte allen zu, die Fortschritte machten und ihre Einsichten weitergaben. Gedanken über Gottes Wesen und die Berichte über sein Wirken sind wertvoll und glaubensstärkend, aber das ist nur unterstützend und kein Ersatz für ein eigenes unbeschwertes Leben.

Mein Glaube und mein geistliches Leben hatten Secondhandqualität, meine eigene Beziehung zu Gott war verwässert, biblisch korrekt, aber unpersönlich. Doch ich wollte ihm selbst begegnen, in der Bibel und in meinen Gedanken und Gefühlen. Was wollte er mir persönlich mitteilen, direkt und an jedem einzelnen Tag?

Eines Morgens im Juni folgte ich also Marilyns Rat und fing an, die Evangelien zu lesen und ein Gebetstagebuch zu führen.

Es ist einfach: Man braucht ein leeres Notizbuch (mit mindestens 90 Seiten) und erstellt zunächst ein Inhaltsverzeichnis mit einer Zeile pro Kapitel für jedes der vier Evangelien: Matthäus, Markus, Lukas und Johannes. Dabei lässt man in jeder Zeile Platz für das Datum, wann man das Kapitel gelesen hat und einen Titel, der später eingefügt wird. Dafür habe ich die ersten vier Seiten in meinem Notizbuch verwendet. Wenn ich dann ein neues Kapitel lese, beginne ich mit einer neuen Notiz-buchseite und notiere oben zunächst das Datum. Beim Lesen schreibe ich auf, was mir zu dem Text einfällt, und zuletzt gebe ich dem Kapitel einen Titel und blättere zurück zum Inhaltsver-zeichnis, um dort Titel und Datum einzutragen. Der Titel kann sich auf einen Vers, einen Handlungsstrang oder eine Charak-tereigenschaft Gottes beziehen oder das ausdrücken, was Gott mir an diesem Tag gezeigt hat.

Den Gegenentwurf kenne ich auch: Ich weiß nicht, was ich tun soll? Also schlage ich die Bibel wahllos auf und hoffe, dass der Vers, auf dem mein Finger landet, eine Antwort bietet. Ich weiß nicht, wer ich bin? Also wähle ich mir eine biblische Person aus und schaue, was ich von ihrem Leben lernen kann. Ich weiß nicht, wie ich mit einer schwierigen Situation umgehen soll? Dann suche ich mir ein hilfreiches Bibelzitat und wiederhole es wie ein Mantra. Doch leider liegt der Fokus dabei ganz auf uns selbst.

Die tägliche Beschäftigung mit dem Leben und der Lehre Jesu wurde für mich zu einer neuen Erfahrung. Ich begann, die Geschichten im Zusammenhang zu betrachten, langsam zu lesen und zu überlegen, wer Jesus ist. Weil mir die Texte der Evange-lien sehr vertraut waren, verwendete ich eine neue Übersetzung, damit der Inhalt mich wieder zum Nachdenken anregte.

Das Ganze funktionierte aber nur, wenn ich bewusst darauf achtete, dass mein Herz aufnahmebereit war, meine inneren Augen geöffnet waren und mein Geist sich nach Erkennt-nis sehnte. Anstatt den Programmpunkt „stille Zeit" abhaken zu können, motivierte mich nun die Hoffnung, verwandelt zu werden. Das veränderte meine Perspektive und ich bemühte mich, still zu werden, den Heiligen Geist einzuladen und meine Seele auf die Wahrheit auszurichten, die im jeweiligen Kapitel enthalten war. Es ging mir weniger darum, was der Text über mich sagte, sondern darum, was er über den Gott verriet, der sich im Leben, im Tod und in der Auferstehung Jesu gezeigt hat.

Geliebtes Notizbuch

Mein Bemühen, mich von den Sorgen des Alltags zu befreien, schien darauf hinauszulaufen, *mich selbst* besser zu verstehen. Ich trat nahe an den Spiegel heran, wischte ihn sauber und studierte meine Vergangenheit, meine Entscheidungen und mein Leben. Welches Verhalten war gesund, welches nicht? Dabei war ich aufrichtig, gab Fehler zu, verstand meine Persönlichkeit besser und begann, Dinge zu tun, die mir entsprachen. Aber meine neue Art, die Evangelien zu lesen, veränderte mehr als nur den Blick auf mich.

Ich dachte weniger über die Verwirrung in meinem Leben und die Unsicherheit und Besonderheit meiner Person nach, stattdessen verschob sich mein Fokus auf Gott. Das veränderte und heilte meine Seele. Ich kann es an keinem bestimmten Punkt festmachen, aber unmerklich wuchs in mir ein Vertrauen, das ich vorher nicht kannte. Ich begriff das Wesen Gottes, das sich im Leben seines Sohnes zeigte, nicht mehr nur mit dem Verstand, sondern mit dem Herzen.

Auf der ersten Seite des Neuen Testaments findet sich eine lange Liste unaussprechlicher Namen, es sind die Vorfahren Jesu. Normalerweise hätte ich diesen Stammbaum kurz überflogen, als grundsätzlich interessant, aber *ohne Bezug zu mir selbst* gesehen. Aber schon am ersten Tag, als ich das erste Kapitel des ersten Evangeliums las, öffnete Gott mir freundlicherweise die Augen für diesen Text. Gottes Pläne sind geheimnisvoll und unkonventionell (in dem Stammbaum waren auch Frauen und Sünder wurden namentlich erwähnt), sehr präzise (14 Generationen von Abraham bis David; 14 Generationen von David bis Babylon; 14 Generationen von Babylon bis Jesus).

Glaube ich, dass Gottes Pläne perfekt, gut strukturiert und von guten Absichten durchdrungen sind? Meine erste Kapitel-Überschrift lautete „Gott ist gut". Das war die Versicherung, die ich besonders benötigte.

In der Geschichte der Frau, die beim Ehebruch ertappt wurde (Johannes 8) sagt Jesus der aufgebrachten Menge, wer ohne Sünde ist, solle den ersten Stein werfen. Damit war *er selbst der Einzige,* der die Frau hätte steinigen dürfen. Doch Jesus ist barmherzig, vergebungsbereit und voller Mitgefühl. Ich sehnte mich nach der Erfahrung dieser Frau. Mein Titel für dieses Kapitel lautete „Frei".

In Matthäus 8 sehnt sich ein Leprakranker verzweifelt nach Heilung. Er war nicht nur krank, sondern von seiner Kultur zusätzlich ausgestoßen und für unberührbar erklärt. Anbetend sinkt er vor Jesus zu Boden: „Herr, wenn du willst, kannst du mich gesund machen!" (Vers 2, NLB) Jesu Reaktion ist atemberaubend: „Ich will es tun", sagte er. „Sei gesund!". Natürlich will er uns heilen! Er ist gut, er will das Beste für uns, er ist allmächtig und wird es tun.

Als ein heftiger Sturm ausbricht und das Boot auf dem See in Not gerät, schläft Jesus im Heck. Die Jünger rütteln ihn wach: „Macht es dir denn gar nichts aus, dass wir alle umkommen?" (Markus 4,38, NLB) So sind wir auch oft, stimmt's? Wir sehen den Sturm über unserem Leben heraufziehen und verstehen nicht, warum Gott nichts tut. *Wir werden untergehen und ihm ist es egal!* Es ist ihm nicht egal. Er brachte das Wasser zur Ruhe und wandte sich dann an seine Jünger: „Warum seid ihr so ängstlich? Habt ihr immer noch keinen Glauben?" (Markus 4,40, NLB)

Klare Worte – sie gelten auch uns. Jesus hat Autorität und Macht über alle Dinge (sogar die Wellen gehorchen ihm). Er hat unser Vertrauen verdient. Auch wenn er nicht das tut, was wir erwarten, hat er die Dinge trotzdem im Griff. Warum habe ich Angst? Habe ich noch nicht gelernt zu vertrauen? Frage ich mich immer noch selbst wie in Markus 4,41 (ELB): „Wer ist dieser Mann, dass ihm sogar Wind und Wellen gehorchen?"

„Jesus sorgt für Bewegung" ist mein Titel für Johannes 5. Er heilt die Verachteten, isst mit den Sündern, arbeitet am Ruhetag, unterhält sich mit der Samariterin und behandelt Kinder vorrangig. Alles dient dazu, Leben, Freiheit und Heilung zu bringen.

Dann wird dieser Teich beschrieben, an dem viele Kranke lagerten und auf Heilung hofften: „Von Zeit zu Zeit kam ein Engel des Herrn und bewegte das Wasser. Und wer danach als Erster ins Wasser stieg, wurde geheilt" (Johannes 5,4, NLB). Der Gelähmte, mit dem Jesus sprach, sehnte sich verzweifelt nach Heilung und hatte die Hoffnung fast verloren. Es war für ihn unmöglich, als Erster im Wasser zu sein. *Ist Gott so?*, fragte ich mich. *Heilt er nur den, der als Erster im Wasser ankommt?* Nein, das ist nicht seine Art. Jesus ist barmherzig und heilt den Mann. Die Heilung ist ohne Bedingungen, nicht aufgrund eines Tuns. Jesus tut es. Er bewegt das Wasser und ändert unser Sehen, Denken und Leben.

Jesus ist vertrauenswürdig. Er ist so, wie ihn schon die Propheten angekündigt haben. Mit seinem Leben erfüllt er die Worte der Propheten und führt aus, wozu er auf die Erde gesandt wurde. Er ist das endgültige Opfer, das uns vor Gott gerecht macht.

Die Frau am Brunnen schaut Jesus an und sagt: „Wenn er (der Messias) kommt, wird er uns alle diese Dinge erklären" (Johannes 4,25, NLB). Manchmal ist Jesus schwer zu verstehen, er klingt unwirsch oder seine Aussagen sind nicht nachvollziehbar, und ich

155

frage mich, warum er sich so verhalten und solche Dinge gesagt hat. Ich erlebte es als sehr befreiend, ehrlich einzuräumen, dass ich seine Worte manchmal nicht verstehen und sein Handeln teilweise nicht nachvollziehen kann und manchmal auch falsch finde.

• • • • •

Das Lesen der Evangelien braucht eigentlich nur 89 Tage, einen Tag für jedes Kapitel. Bei mir hat es sieben Monate gedauert und ich hätte gern noch mehr Zeit damit verbracht. Die Evangelien brachten mich zur Ruhe, ich wurde innerlich aufmerksam, kam ins Gespräch mit Gott und lernte ihn besser kennen. Ich fand mich in manchen Gleichnissen wieder und erkannte, wie unzulänglich mein eigenes Bemühen ist. Gleichzeitig wurde ich immer dankbarer für Jesu Art, der so vieles auf den Kopf stellte und uns ein unbeschwertes, freies Leben ermöglicht.

Gott hat mir genau das gezeigt, was für mich wichtig war. Die biblischen Geschichten waren mir vertraut, aber ich wusste wenig über den, der hinter allem stand. Nun erkannte ich, wie gut, freundlich, mitfühlend und entgegenkommend er ist. Mir wurde meine Unzulänglichkeit bewusst und ich bemerkte, wie sehr mich die Sorgen des Alltags behinderten. Diese bewusste Zeit mit Gott wurde zu einer Priorität in meinem geschäftigen Alltag. Immer wieder rief ich mir seine Zusagen in Erinnerung. Ich lernte, vor ihm zur Ruhe zu kommen, ihm mein Herz auszuschütten, aber vor allem auch, auf ihn zu *hören*. Meine Hoffnung erfüllte sich – er hatte mir viel zu sagen. Ich war kein Zuschauer mehr.

Die Fragen in Bezug auf meine Identität und meinen Wert gingen tief. Theoretisch wusste ich Gottes Antworten, aber nun lernte ich, ihnen zu vertrauen und mich auf sie zu verlassen. Oft schwankte ich zwischen Glauben und Zweifel. Aber meine Augen lernten in diesen sieben Monaten, miteinander zu kooperieren, ich stellte meine Fragen und in mir wuchs ein ungekanntes Vertrauen.

Was Jesus zu Thomas in der Phase seines Zweifelns sagte, gilt auch uns: „Zweifle nicht länger, sondern glaube!" (Johannes 20,27, HFA) Wir können Jesus nicht so sehen wie seine Jünger damals, aber er zeigt sich uns in den ersten vier Büchern des Neuen Testaments und durch den Heiligen Geist, der in uns wohnt. Wir haben allen Grund, ihm zu glauben.

Vertrauen wir ihm? Wissen wir, dass er gut ist, uns heilen will, barmherzig, mächtig und liebevoll ist? Auch wenn alle unsere Fehler offenliegen, er wirft keinen Stein. Durch sein Wort lädt er uns ein, zu ihm zu kommen, ihn kennenzulernen und den natürlichen Rhythmus seiner Gnade zu entdecken, der in den Evangelien beschrieben wird. Während wir sein Wesen kennenlernen und ihm immer mehr vertrauen, wird unser Denken und Fühlen verändert und mit Dankbarkeit, Liebe und tiefem Frieden erfüllt.

Herzförmiger Stein

Das kleine Schwarze

Nr. 14

INS LICHT

Als vor Jahren die Bühnenversion von *Der König der Löwen* in unserer Stadt aufgeführt wurde, zogen Ryan und ich unsere schönsten Sachen an und gingen mit Freunden zusammen ins *Paramount Theater* in Seattle. Wir saßen auf den mit Samt gepolsterten Sitzen in der ersten Reihe auf dem Balkon. Die Sicht war optimal, aber ich hatte auch ein bisschen Angst. Eine falsche Bewegung und man würde über das niedrige Geländer ins Publikum stürzen. Wie alles am Broadway und bei Disney war auch *Der König der Löwen* atemberaubend, mit aufwendigen Kostümen und naturgetreuen Kulissen. Schon bald hatte ich vergessen, dass die Schauspieler Menschen waren, sondern hielt sie für Löwen, Giraffen und Warzenschweine.

An einer Stelle klammerte ich mich förmlich an meinem Sessel fest, zum einen, weil ich nicht vom Balkon fallen wollte, zum anderen, weil ich Ryan und unsere Freunde nicht durch ein spontanes *Amen!* in Verlegenheit bringen wollte. Aber am liebsten hätte ich mich in Anbetung erhoben und laut gejubelt.

Für alle, denen die Geschichte nicht bekannt ist, hier die kurze Zusammenfassung. Die Familie der Löwen regiert das Land, doch der Bruder des Königs verlangt nach dem Thron. Simba, der junge Anwärter auf den Thron seines Vaters, ist seinem Vater ungehorsam und wird von seinem Onkel in eine gefährliche Situation gelockt. Sein Vater, König Mufasa, eilt ihm zu Hilfe und kann Simba retten, stirbt dabei aber durch die Hand seines Bruders Scar, der dem jungen Prinzen die Schuld in die Schuhe schiebt.

Simba, der eigentliche Thronfolger, glaubt, am Tod des Vaters schuld zu sein und flieht. Sein böser Onkel Scar wird zum grausamen Herrscher des Landes, unter dem alle leiden. Simba sollte zurückkehren und für Recht und Ordnung sorgen, doch er fühlt sich unwürdig. *Wer bin ich schon?*, fragt er sich. *Bin ich der rechtmäßige König oder ein Mörder?* Wie in jedem guten Musical werden die Fragen durch Lieder beantwortet.

Im Licht des Mondes und der funkelnden Sterne betrachtet Simba sich in einer Wasserstelle. Er sieht seine fragenden Augen, die Gesichtszüge eines jungen Erwachsenen, aber auch die Schande seiner Vergangenheit und die Angst, der Aufgabe nicht gerecht zu werden. Vielleicht sollte er in der Verborgenheit bleiben, sich von Maden ernähren und seine wahre Identität vergessen? Aber die Fragen und Zweifel lassen ihn nicht in Ruhe. Er studiert sein Spiegelbild und fragt: *Wer bin ich?*

In diesem Moment bewegt ein Windhauch die Wasseroberfläche, verzerrt das Bild und lässt die weisen, mächtigen und gütigen Züge seines Vaters sichtbar werden. „Er lebt in dir!" brüllt Rafiki, der kluge und etwas furchterregende Pavian. Der Chor stimmt ein Lied an und Simba begreift endlich die Wahrheit – er trägt die Identität seines Vaters in sich, trotz seiner Unvollkommenheiten und Fehler und seiner lange getragenen Schuld ist sein Vater mit und in ihm und hat Freude an ihm.

Ich weiß, es ist Disney, erfunden und nicht christlich, aber trotzdem ist es so wahr! Mein Herz zersprang fast, als sich die Stimmung des jungen Löwen vor unseren Augen verwandelte. Ach, wenn wir doch auch in unserem Spiegelbild die Züge unseres weisen, mächtigen und gütigen Vaters erkennen könnten, der uns voller Liebe anschaut.

Simba kann seinen rechtmäßigen Platz erst einnehmen, als er durch sein Spiegelbild hindurchschaut – hinter die Sorgen, Ängste, Errungenschaften und Misserfolge – und seinen Vater sieht. Das gilt auch für uns.

Wildblumen

Langsam kam ich mit der Identitätssuche voran und konnte die zukünftige Freiheit schon erahnen, aber ich war immer noch weinerlich und Kleinigkeiten setzten meinem Selbstwertgefühl zu. An einem besonders labilen Tag hatte ich meinen nächsten Termin mit Marilyn. *Was würde Gott mir heute sagen wollen?* Meine Stimmung war so düster wie das Wetter. Die Gedanken an meine Vergangenheit waren bedrückend. Ich war enttäuscht von mir, weil ich mich immer noch wertlos fühlte. Warum konnte ich mich nicht zusammenreißen und diese Gefühle ignorieren? Seit fünf Jahren schlug ich mich mit diesen Fragen herum. Ja, ich hatte schon ein paar Antworten gefunden und bewegte mich in die richtige Richtung, aber ich war noch lange nicht am Ziel.

Marilyn führte mich in eine geistliche Übung, die mir helfen sollte, tief vergrabene Irrtümer zu entlarven, damit Jesus sie mit seiner Wahrheit umgestalten und mich meiner wahren Identität näherbringen könnte. Wir baten den Heiligen Geist, Erinnerungen an die Oberfläche zu bringen, die Heilung bräuchten.

Sofort fand ich mich in einer Szene wieder, die ich gern vergessen hätte. Es war einer der schlimmsten Tage des Sommers vor zwanzig Jahren, kurz nachdem mein Vater unsere Familie überraschend verlassen hatte. Meine Mutter, meine jüngere Schwester und ich fuhren zu seiner neuen Adresse und baten ihn, doch wieder nach Hause zu kommen. Mein einst so liebevoller, dynamischer Vater saß in einer dunklen, ungemütlichen Wohnung und starrte uns stumm an. Es war muffig, die Jalousien waren unten, ein paar billige, alte Möbel standen herum. Er stand nicht auf, umarmte uns nicht, weinte nicht, entschuldigte sich nicht und kam auch nicht mit uns nach Hause. Er entschied sich nicht für uns, sondern saß einfach nur da.

„Wo war Jesus in dieser Situation?", fragte Marilyn.

Das hatte ich mich noch nie gefragt. Ich schloss die Augen, kehrte in die Erinnerung zurück, dieses Mal sah ich Jesus, der aufgerichtet hinter uns stand, sanft und stark die Arme um unsere Schultern legte. Traurig schob er uns aus der dunklen Wohnung ins gleißende Sonnenlicht. Er wollte nicht, dass unsere Familie zerbrach und er mochte Vaters Entscheidung nicht.

Ich blieb in dem Bild und stellte mir Jesu Worte in diesem herzzerreißenden Moment vor.

Lass gut sein. Geh nicht mehr hinein. Du hast getan, was du konntest. Es tut mir so leid für euch. Das wollte ich nicht. Aber er hat sich so entschieden. Es geht ihm nicht gut. Ich liebe ihn unverändert und werde bei ihm bleiben. Du musst diese Last nicht mehr tragen, ich nehme sie dir ab. Überlass mir die Verantwortung für das Leben deines Vaters. Schäme dich nicht. Es ist seine Entscheidung. Es wird traurig und schwer sein für euch, ohne ihn zu leben, aber ich habe auch viel Gutes für dich vorbereitet, viel Leben. Nur du musst dieses Erlebnis loslassen. Du bist nicht verantwortlich für das, was dein Vater tut. Es ist auch nicht deine Verantwortung, ihn zurückzuholen. Das ist nicht deine Aufgabe, sondern meine. Vertraue mir. Es ist nicht so, wie du es dir wünschst, aber vertraue mir.

Ich erlebte die Umdeutung einer verdrängten Geschichte, die in mir weitergewirkt hatte. In unserer Familie war ich die Friedensstifterin, ich kümmerte mich darum, dass alle sich einig waren, ich klärte Unstimmigkeiten und löste Probleme, aber angesichts der Entscheidung meines Vaters war ich machtlos. Mir war nicht klar gewesen, was für einen Einfluss diese Erfahrung auf mich hatte.

Nach dem Gespräch mit Marilyn schlug ich mein Tagebuch auf und begann zu schreiben. Ich wollte weitere Schichten freilegen und diesen Moment nicht verpassen. Was ich dann schrieb, war so, als würde Jesus zu meinem Herzen reden:

Du musst dich nicht um alles kümmern, ich mache das schon. Ich habe die Dinge im Griff, von Anfang an. Du bist so beschäftigt mit all den Problemen und deinem Bedürfnis nach Anerkennung, dass du ständig im Stress bist und viel zu viel zu tun hast. Sei frei.

Ich habe ein Ziel und einen Plan, speziell für dich – Dinge, die dir Freude machen werden. Leg diese Verantwortung, Sorgen und Ängste zur Seite, als ob die Emily, die ich geschaffen habe, nicht gut genug wäre. Dein Wert ist unbestritten. Niemand kann ihn ändern, egal, ob du das Richtige oder das Falsche tust und ob andere das sehen oder nicht. Dein Wert bleibt gleich, auch wenn du Menschen enttäuschst oder anders denkst als sie. Ich bestimme deinen Wert. Meine Meinung über dich steht fest: Du bist auserwählt. Wertgeschätzt. Befreit. Dir ist vergeben. Du bist erfüllt von meiner Güte. Du bist Licht.

Denk nicht mehr, dass du deinen Wert beweisen müsstest. Das ist eine Falle. Deshalb wählst du Dinge, die nicht von mir sind. Das behindert deine Vision und greift deine Identität an. Hör auf, Dinge zu tun, um anderen zu gefallen. Es ist unmöglich, niemanden zu enttäuschen. Sei du selbst. Triff Entscheidungen, die dem Entsprechen, wie ich dich geschaffen habe, dann wirst du wachsen und gedeihen. Sonst drehst du dich im Kreis, bist unglücklich und ängstlich und von Sorgen getrieben statt von Liebe.

Ich hielt kurz inne, um eine Frage zu formulieren. *Was ist, wenn die wahre Emily eine Enttäuschung ist?*

Ich spürte sofort, dass dies die größte Angst meines Lebens war. *Wer bin ich?*, war nur der erste Teil der Frage. Der zweite Teil begründete all meine Unsicherheit: *Genüge ich?*

Nun floss eine schreckliche Geschichte aufs Papier, furchtbare Anschuldigungen sprudelten aus mir heraus:

Um deinen Fußknöchel liegt eine Kette, die dich in diesem dunklen, traurigen Zimmer bei deinem Vater festhält. Ein widerliches graues Wesen umklammert dich, hält dich in dem Raum – Traurigkeit, Scham und Versagen. Es ist nicht groß, aber aggressiv, hässlich und stark. Nun zeigt es mit seinem Finger auf dich. Du hast nicht genug getan. Gott wird sich weder um dich noch um deine Lieben kümmern. Also musst du es tun. Los, mach dich an die Arbeit. Erledige deine Aufgaben, streng dich an, tu mehr. Es liegt

alles an dir. Enttäusch die anderen nicht. Mach es richtig oder lass
es ganz bleiben. Alle beobachten dich. Vermassle es nicht. Wenn die
wüssten. Du bist ganz auf dich gestellt. Du bist keine gute Freun-
din, sieh nur, was du alles verbockt hast. Du bist egoistisch. Zieh dich
zurück. Du bist keine gute Mutter, du solltest viel mehr tun. Du bist
keine Sportlerin. Deine Haut ist fahl. Du redest dummes Zeug. Sei
einfach still. Ignoriere deine Gefühle. Roll dich zusammen und bleib
isoliert. Was für ein Mensch bist du nur? Dein Haus ist chaotisch.
Dein Auto ist dreckig. Dein Ring ist zu klein. Du wirst nie erfolg-
reich sein. Streng dich mehr an. Sie ist besser als du. Warum kannst
du nicht so sein wie sie? Was ist los mit dir?

Hammer

Mein Stift bewgte sich nicht mehr. Tränen strömten über mein
Gesicht, hässliche Schluchzer brachen aus mir heraus. Ich war
entsetzt über die Gemeinheit und Unsicherheit, die in mir war.

Diese Gedanken gehörten so sehr zu mir, dass ich sie gar nicht mehr bemerkte. Ich hatte nicht geahnt, wie verletzlich ich war und wie bereitwillig ich diesen Vorwürfen glaubte.

Mein Inneres war ein tobender Gerichtssaal, es wurde geschrien und mit Fingern auf mich gezeigt – bis Jesus, der wahre Richter, den Hammer schwang und seine Autorität ausübte: *Ruhe im Gerichtssaal!*

Ich führte den Stift wieder übers Papier, nun schrieb er die Wahrheiten, nach denen mein Herz sich sehnte:

Es wird Zeit, deinen Geist zu erneuern und diesen Raum zu verlassen. Traurigkeit, Verantwortlichkeit, Mangel an Vertrauen, Sorgen und das ständige Bedürfnis, deinen Wert zu erarbeiten – es ist Zeit, das alles loszulassen. Verlass das Hamsterrad. Sei frei. Sei du selbst. Erwache, meine Tochter, und geh. Geh mit mir ins Licht. Vertraue mir.

Das war meine Simba-Erfahrung. Der Augenblick, als ich mich selbst betrachtete und alles sah: die Traurigkeit, Scham, meine Unfähigkeit und die Lügen, die sich tief in mein Denken eingegraben hatten, dazu pausenlose Anklagen und die Notwendigkeit, sie zu widerlegen.

Aber Jesus war da, freundlich und präsent, der mich nicht so sah. Er hatte ein anderes Bild von mir als ich selbst.

Ich sah Versagen, er sah unschätzbaren Wert.

Ich sah Unvollkommenheit, er bot Vergebung und Barmherzigkeit.

Obwohl ich andere im Stich gelassen hatte, verhieß er eine Zukunft voller Freude, Frieden und Liebe.

167

Wo ich keine andere Möglichkeit sah, als mich mit unlösbaren Problemen abzugeben, führte er mich in das glorreiche Licht meiner Freiheit.

All unsere Unzulänglichkeiten sind durch die Gnade Gottes in Jesus aufgehoben und in seinen Augen sind wir wunderschön. Ich verstehe es nicht, aber ich empfange es – und das erbitte ich auch für dich.

Thymian

Ihr seid ein auserwähltes Volk.

Ihr seid eine königliche Priesterschaft,

Gottes heiliges Volk,

sein persönliches Eigentum.

So seid ihr ein lebendiges Beispiel

für die Güte Gottes,

denn er hat euch aus der Finsternis

in sein wunderbares Licht gerufen.

1. PETRUS 2,9 (NLB)

Brombeeren

N.r 15

LASSE ICH MIR EIN TATTOO STECHEN?

Wenn wir in der Highschool darüber sprachen, welches Tattoo wir uns nach dem 18. Geburtstag stechen lassen würden, dann war ich mir sicher: Ich wollte Delfine. Nicht nur einen, sondern eine ganze Reihe, wie ein Fußkettchen sollten sie um meinen Knöchel schwimmen. Ich finde Delfine immer noch schön, aber ich bin schon sehr froh, dass ich keine permanente Meeressäugerparade am Fuß habe. Deshalb sollte man Jugendlichen keine Tattoos erlauben.

Ich habe immer noch kein Tattoo, aber ich denke darüber nach. Ich hätte gern das Wort *abide* (bleiben, verharren; spricht man „a-b<u>ai</u>d") in meiner Handschrift mit weißer Tinte auf der Innenseite meines linken Handgelenks. Ich zögere noch, weil ich es mir ziemlich unangenehm vorstelle, an dieser empfindlichen Stelle gestochen zu werden. Aber ich würde immer daran erinnert werden – und das brauche ich auch – dass ich in Jesus bleiben soll, denn das fällt mir schwer.

• ◆ ▪ ◆ ◆

Zu ihrem vierzigsten Geburtstag lud meine Freundin Erika ein paar Freundinnen auf die Ranch ihrer Tante und ihres Onkels

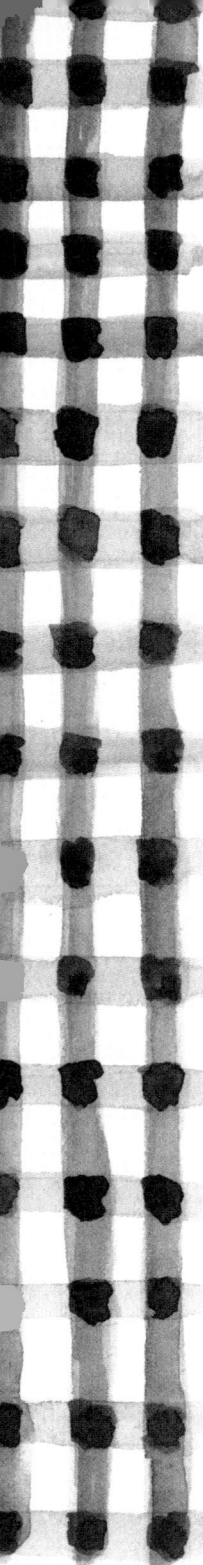

außerhalb von Santa Barbara ein. Es hieß, wir würden in der Scheune schlafen, was aber okay wäre. Doch dann fanden wir heraus, dass „Scheune" für die schönsten Gästezimmer stand, die man sich nur vorstellen kann.

Mit Daunen gepolsterte Sofas verschwanden unter gewebten Kissen und aus dicker Wolle gestrickten Decken. Eine Sammlung von Cowboyhüten war zusammen mit Ölbildern von meiner Tante und anderen Künstlern geschmackvoll an den Wänden arrangiert. Von den dicken Balken der hohen Decke hingen rustikale Kronleuchter herab. Große Panoramafenster gaben den Blick frei auf die Weinberge der Familie, sanfte Hügel in vielen Grüntönen mit den geordneten Reihen der Weinstöcke, so weit man sehen konnte. Es war wunderschön. Wir ritten auf Pferden über die Hügel, besuchten Kunshandwerkerläden im Ort, aßen in den Restaurants der umliegenden Bauernhöfe und genossen abends leckere Mandeln und frische Honigwaben.

Onkel Larry zeigte uns einen seiner Weinberge. Er hatte mit dem Anbau von Weintrauben begonnen, als in Kalifornien gerade die Wein-Industrie entstand. Entsprechend viel hatte er zu erzählen. Während wir von Reihe zu Reihe gingen, sprach er über die verschiedenen Traubensorten, das Veredeln, Beschneiden und die Weinlese.

Er gab uns eine wirklich interessante Führung. Wir bestaunten das Lagerhaus, endlose Stapel von Fäs-

sern mit alterndem Wein, steckten unsere Köpfe in die Abfüll-
anlage und nippten im Verkostungsraum Weiß- und Rotwein
aus kleinen Gläsern, serviert mit passenden Cupcakes.

An diesem einen Nachmittag habe ich unglaublich viel über
Wein, Trauben und Landwirtschaft gelernt. Danach waren Jesu
Worte viel eindrücklicher: „Ich bin der Weinstock; ihr seid die
Reben. Wer in mir bleibt (*abides*) und ich in ihm, wird viel Frucht
bringen. Denn getrennt von mir könnt ihr nichts tun" (Johannes
15, 5, NLB, Einfügung in Klammern durch die Übersetzerin).

Eine Rebe soll Frucht bringen, dazu muss sie fest mit dem
Weinstock verwachsen sein. Die wechselseitige Beziehung zwischen der Rebe und dem Weinstock ist entscheidend, sie sind
durch Zugehörigkeit und Abhängigkeit miteinander verbunden, die Rebe bleibt, der Weinstock gibt. Kein noch so großes
Bemühen, Arbeiten, Drängen, Träumen, Warten oder Wollen
kann die Rebe befähigen, allein Früchte zu bringen. Sie muss am
Weinstock bleiben. Der Weinstock ist die Quelle aller Nahrung,
Unterstützung, Kraft des Lebens und er gibt sie gern. Er gibt der
Rebe alles, was sie braucht, um das gute Werk – die Trauben –
hervorzubringen.

Der natürliche Rhythmus der Gnade, zu dem Jesus uns einlädt, wird in uns gute, geistliche Früchte hervorbringen. Wir
gehen mit ihm, arbeiten mit ihm, schauen zu, wie er es macht.
Dabei übernehmen wir seinen Rhythmus und entwickeln einen

Lebensstil der Freundlichkeit, Geduld und Liebe. Durch unser eigenes Bemühen ist das langfristig nicht zu erreichen. Angenommen, wir machen alles richtig, vergeben, sind großzügig und liebevoll, geben unser Bestes und schaffen es, ein ideales, konfliktfreies Leben zu führen. Das ist anstrengend. Energie, Willenskraft und Enthusiasmus werden irgendwann erschöpft sein, wenn wir nicht mit der ewigen Quelle verbunden sind. Die Antwort auf die Frage, wie wir in unserer Bestimmung und im Gleichschritt mit Jesus leben können, ist nur ein Wort – das Wort, das ich gern am Handgelenk tragen würde: *abide* – in ihm bleiben.

Das englische Wort *abide* wird im Alltag kaum noch benutzt, aber seine Bedeutung ist vielschichtig und hilft uns zu verstehen, wie wir mit Jesus gehen und seinen Rhythmus lernen können. Das Merriam-Webster-Lexikon definiert *abide* so: „Stabil bleiben, an einem Ort bleiben, sich anpassen". Andere Quellen verwenden Wörter wie „abwarten", „bleiben", „verweilen", „fortsetzen" oder „ertragen".

Wie muss man sich also *abide* praktisch vorstellen? Wie können wir uns auf die eine Quelle ausrichten, die uns ernähren, erhalten und versorgen wird, statt eigene Neigungen und Interessen zu verfolgen und um unsere Bedeutung zu kämpfen? Mir wäre es lieber, Jesus hätte uns einen Drei-Punkte-Plan für ein Leben in Frieden, Freude und Ruhe gegeben. Stattdessen sagte er, dass wir in ihm bleiben (*abide*) sollen.

Ich bevorzuge *Taten*, doch Jesus geht es um mein *Sein*. Er verspricht, sich um unsere Seelen zu kümmern, wenn wir mit ihm verbunden bleiben, er wird uns sättigen und die guten Früchte in unserem Leben wachsen lassen: Liebe, Freude, Frieden, Geduld,

Freundlichkeit, Güte, Treue, Sanftmut und Selbstbeherrschung (Galater 5,22-23). Wer in Jesus bleibt, der richtet seine Augen, sein Herz und seinen Verstand *unablässig* auf Gottes Güte, Schönheit und Wahrheit, und er tut das in Treue und Beständigkeit, loyal und hingegeben.

Weinberg

Deshalb möchte ich das Wort *abide* immer vor Augen haben. Ich brauche die ständige Erinnerung daran, dass mein eigenes Bemühen, meine guten Absichten und meine vollkommene Hingabe nicht genügen, um ein erfüllte, fruchtbares, von Liebe durchdrungenes Leben zu führen. Ohne Jesus kann ich nichts geistlich Wertvolles produzieren. Ich kann nur mit Jesus gehen, mit ihm arbeiten und seinen Rhythmus lernen, wenn ich in ihm, dem wahren Weinstock, *bleibe*.

Wir alle sind in diese lebensspendende, ruhebringende Beziehung eingeladen. Bist du ein Macher, wie ich? Fällt es dir schwer, dich daran zu erinnern, dass es nicht nur an dir liegt? Atme tief durch, öffne noch einmal die Hände und erinnere dich an diese Wahrheit: „Du gibst Frieden dem, der sich fest an dich hält und dir allein vertraut" (Jesaja 26,3, HFA).

Olivenbäumchen

Du gibst Frieden dem,
der sich fest an dich hält
und dir allein vertraut.

JESAJA 26,3 (HFA)

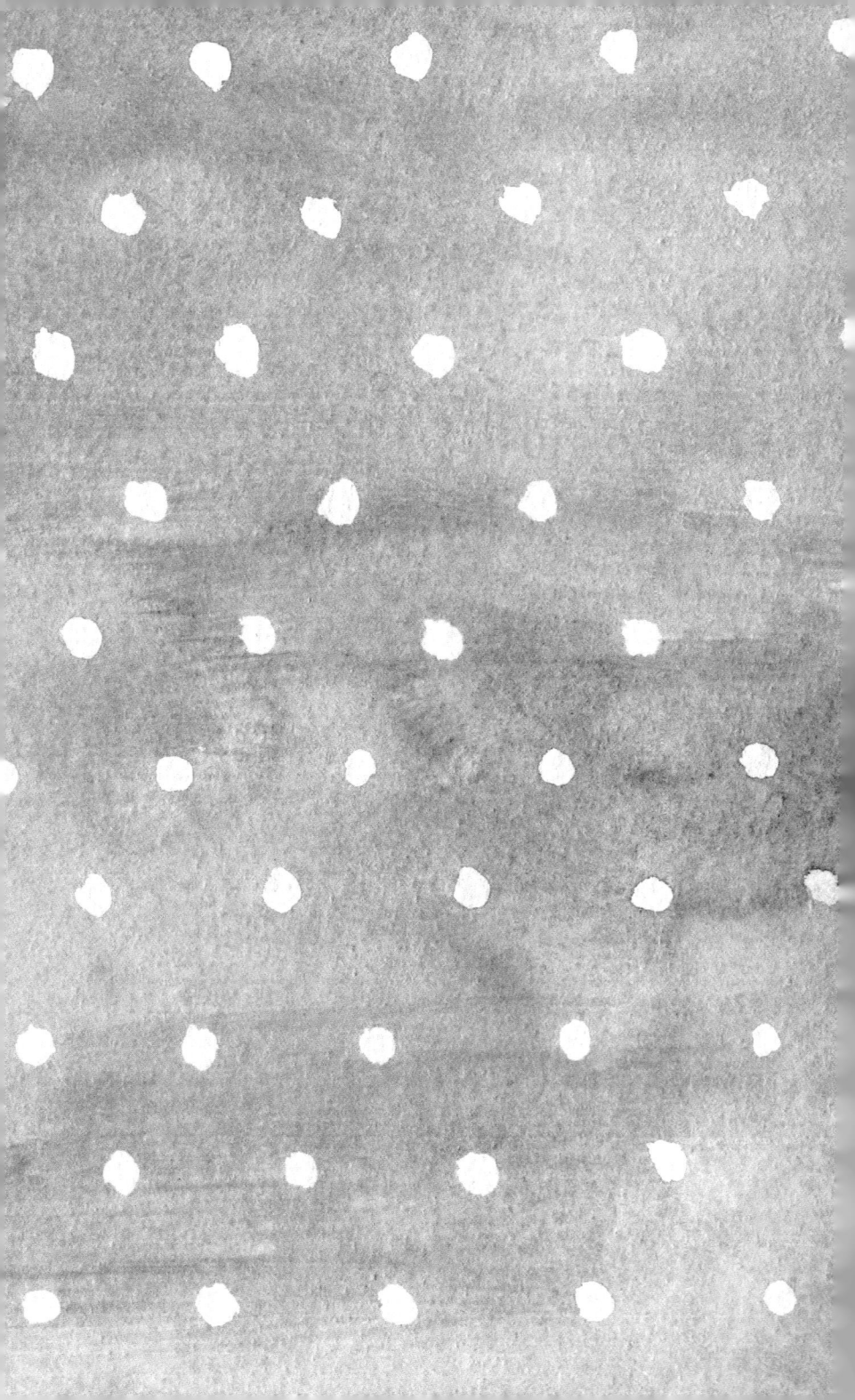

TEIL VIER

EINGELADEN,
FREI UND UNBESCHWERT
ZU LEBEN

Schmetterling

N.r 16

ENDLICH TANZEN

Ich war 25 Jahre alt und zum ersten Mal schwanger, da entdeckte ich das Buch von John Eldredge, *Der ungezähmte Mann*. Ich verschlang dieses Buch über die Männlichkeit, denn ich fühlte mich nicht gut vorbereitet auf die Erziehung des Jungen, der in mir heranwuchs. Ich bin die Mittlere von drei Schwestern, wir haben fast nur Cousinen und ich liebe alles, was weiblich ist. Den einzigen Freund, den ich je hatte, habe ich geheiratet, also kannte ich mich in der Männerwelt nicht aus. Entsprechend aufschlussreich war diese Lektüre für mich.

Zehn Monate nach der Geburt unseres ersten Jungen war ich wieder schwanger (ja die beiden kamen schnell aufeinander). Nun besorgte ich mir das andere Buch, von Stacy Eldredge, *Weißt du nicht, wie schön du bist?* Natürlich würde das zweite Kind ein Mädchen sein und nun wollte ich mich mit der schönen Welt der Weiblichkeit beschäftigen. Lächelnd las ich von kleinen Mädchen, die gern hübsche Kleidchen tragen und sich so lange tanzend im Kreis drehen, bis jemand ihnen sagt, wie schön sie sind.

Doch dann vergaß ich dieses Bild, das Buch und die Tochter, denn Brady war auf dem Weg. Zwei Jahre später begrüßten wir Mason. Meine Welt drehte sich nicht um zarte rosafarbene

Kleidchen, sondern wir brauchten Nerf-Schwerter, Lightning-McQueen-Autos, es gab ständig Ringkämpfe und fäkalsprachliche Ausdrücke. Es war erstaunlich wunderbar.

Jeden Donnerstagmorgen packte ich die Jungs ins Auto und fuhr zu unserer Gemeinde. Dort gab ich die Kinder in ihren Räumen ab, wo sie gern spielten, setzte mich in den Altarraum und freute mich auf die Bibelstunde, die mir eine kleine Pause vom Alltag mit Kleinkindern gewährte. Ich unterhielt mich mit den anderen Frauen, bis das Licht abnahm und die Gespräche abebbten. Während das Lobpreisteam den Raum mit seinen Klängen füllte, schloss ich die Augen und atmete tief ein. Ich versuchte, die Themen des Alltags abzuschütteln und lud den Heiligen Geist ein, mich seine Gegenwart erleben zu lassen.

An einem dieser Donnerstage saß ich bei klarem Verstand und mit offenem Herzen in meiner Gemeinde, als plötzlich ein höchst unerwartetes Bild über den dunklen Hintergrund meiner Augenlider tanzte. Ich sah ein kleines Mädchen auf einer sonnigen grünen Wiese. Sie trug ein weißes, gerüschtes Sommerkleid und wirbelte mit zarten, ausgebreiteten Armen und zum Himmel gewandtem Gesicht herum. Auf Zehenspitzen drehte sie sich im Kreis, ein liebliches Lächeln auf ihrem Gesicht, das lose Haar fiel ihr über den Rücken. So leicht, so frei. Ich sah ihr zu, wie sie durch meine Vorstellungswelt tanzte und spürte in meinem Herzen: *Emily, ich freue mich so darüber, was für eine Person du geworden bist. Du darfst genauso tanzen wie dieses kleine Mädchen.*

Es war ein schönes Bild und es erfüllte mich mit angenehmem Frieden, aber irgendwie war es auch seltsam. *Gott, hast du mich gerade aufgefordert, mich im Kreis zu drehen? Was meinst du damit?* Da erinnerte ich mich an dieses Buch zum Thema Weiblichkeit, das ich vor einigen Jahren gelesen hatte.

Von klein auf sehnen Frauen sich danach, gesehen zu werden, wichtig zu sein und schön auszusehen. Ein kleines Mädchen, das Plastikschmuck und ein glitzerndes Spielzeugdiadem trägt, klettert auf den Couchtisch, dreht sich, lässt sein Kleid herumwirbeln und ruft fröhlich: „Papa, Papa, schau!"

Es tanzt unbekümmert, während der Vater es bewundernd ansieht. Das Kind kennt keine Befangenheit und sein Vater übt keine Kritik an seinem Tanz. An jenem Donnerstagmorgen, mitten in der Bibelstunde, erinnerte ich mich an diese Stelle im Buch und wusste, dass Gott mir etwas Wichtiges sagen wollte.

Diadem

Ein Jahr verging. Wieder stand ich im Kirchenraum, dieses Mal hielt ein Gummiband meine eng gewordene Jeans zusammen. Einmal mehr ließen die Schwangerschaftshormone meine Haut glühen. Diesmal blitzte das Wort *DELIGHT* (Freude, Wonne, Entzücken) in Großbuchstaben über meine geschlossenen

Augenlider. Ich wusste schon, dass das Baby ein Mädchen war, und ich hatte Gott um einen Bibelvers für sie gebeten, denn auch für ihre drei älteren Brüder hatten wir jeweils einen Vers ausgeucht.

Ich schlug meine in Leder gebundene Bibel hinten auf und suchte im Stichwortverzeichnis nach Bibelstellen mit dem Wort *delight*. Da war es, Zephanja 3,17 (aus der New International Version ins Deutsche übersetzt): „Der Herr, dein Gott, ist mit dir. Er ist mächtig zu retten. Er wird sich an dir erfreuen (*delight*), er wird dich mit seiner Liebe beruhigen, er wird sich mit Gesang über dich freuen."

Ich lächelte und verstand, dass sich das auf mein Baby und auf mich bezog. Ich hatte das tanzende, sich drehende Mädchen im weißen Kleid, das ich sein sollte, immer noch vor Augen. *Kein Wunder, dass Gott mich zum Tanzen auffordert, wenn er sich mit Gesang über mich freut! Er singt und ich tanze dazu!* Der vollkommenste aller Väter sagt uns: *Halt. Sei still. Ich bin bei dir. Ich bin mächtig. Ich will dich mit meiner Liebe beruhigen. Wirst du auf meine Stimme hören, wenn ich meine Lieder der Freude über dich singe? Du bist genau so, wie ich dich haben will. Sei jetzt frei und tanze.*

Ich wusste das alles. Gott liebte mich. Er hatte mich auserwählt. Seine Gnade war unverdient. Anders als mein leiblicher Vater würde er mich nie verlassen. Das war mir alles klar, aber das Bild war wie ein zusätzliches Versprechen. Gott zeigte mir, wer ich war und wie ich leben würde. Seit *Jahren* trug ich dieses Bild in meinem Herzen wie einen Schatz.

„Twirl" (dreh dich) wurde zum Motto meiner Dreißigerjahre. Ich ließ „twirl" auf Holzstifte prägen, ich trug eine Halskette mit „twirl"-Anhänger und in Audreys Kinderzimmer hängte ich einen Kunstdruck mit „twirl" in Goldfolien-Schrift auf. Trotzdem wusste ich nicht, wie ich „twirl" leben sollte, und das enttäuschte mich. Wie konnte ich die Botschaft hören aber nicht *verstehen?*

Fast zehn Jahre lang dachte ich über das sich drehende Mädchen nach und hätte gern so gelebt. Ja, ich tanzte und drehte mich, aber leicht und frei war ich nicht. Ich versuchte es wirklich, zog mir eine Skinny Jeans und ein T-Shirt an, kletterte auf ein Podest, stellte mir vor, ich wäre auf einer Bühne, drehte mich und rief, nicht besonders subtil: „Schaut her, schaut mich an!"

Meine Blicke streiften durch das imaginäre Publikum: *Schaut einer zu? Bemerkt mich jemand? Kann mir bitte jemand sagen, wer ich bin? Bin ich liebenswürdig und hübsch, kann ich mich schön drehen?*

Manchmal spendete die Menge lauten Beifall, manchmal erntete ich leise Kritik, am schlimmsten war es, wenn sie schwieg. Dann tanzte ich noch entschlossener, drehte mich immer schneller im Kreis, bis ich erschöpft zu Boden sank. Wie gut, dass Gott mich nicht in meinem schwindeligen Zustand ließ. Sanft zog er mich hoch, bot mir Ruhe und einen neuen Lebensrhythmus an und ich sagte Ja.

Der letzte Satz der Einladung Jesu aus Matthäus 11,28-30 lautet: „Bleibt mit mir zusammen, dann werdet ihr lernen, frei und unbeschwert zu leben." Ein herrliches Versprechen! Ich verzichte gern auf „erschöpft und ausgelaugt", wenn ich dafür „frei und unbeschwert" bekommen kann. Wenn wir aus der Verbindung mit Jesus leben, entwickeln wir eine sichere und ent-

Strandstuhl

spannte innere Haltung, lernen Selbstannahme und bleiben unserer Bestimmung treu. Wir sind authentisch und gehorsam, präsent, vergebungsbereit und zufrieden. Freundlichkeit und Großzügigkeit werden Teil unseres Wesens.

Jesus lädt uns ein, das Leben neu zu entdecken, uns wirklich auszuruhen, den natürlichen Rhythmus der Gnade zu übernehmen und frei und unbeschwert zu leben. Auf diesem Weg wird unser Leben verändert. Wir werden frei, aus Selbstvertrauen wird Gottvertrauen – eine Transformation des Herzens findet statt. Nicht immer sieht man das sofort, aber es geht gar nicht anders – während wir mit Jesus gehen, mit ihm arbeiten und in seiner Nähe leben, werden wir verwandelt.

• ◆ ▸ • ◆

Mein Denken, Fühlen und mein Geist verändern sich, seitdem ich damals am Strand von Hawaii saß und unter Tränen die Frage flüsterte, mit der alles begann: *Wer bin ich?* Heute ist mein Herz leichter, ich trete nicht mehr wie wild im Wasser und kenne meine Identität. Es war eine lange, bewusste, langsame Reise zu mir selbst.

Fünf Jahre später war ich wieder auf Hawaii und feierte meinen vierzigsten Geburtstag. Ich hoffte, der Kreis würde sich schließen und ich würde dort am Strand meine Antwort finden. Das *geschah tatsächlich*, aber nicht so, wie ich es mir vorgestellt hatte.

Eines Nachmittags hatten Ryan und ich eine Meinungsverschiedenheit (das kommt zu Hause und im Urlaub vor – leider). Wir brauchten ein bisschen Abstand voneinander, also ging ich an den weißen Strand, um die Wellen zu beobachten und mit Jesus zu reden. Meine Uraltfreundin Unsicherheit machte es sich neben mir im Sand gemütlich und wirkte auf meine Gedanken ein: *Wie kommt es, dass dein wahres Ich andere immer wieder enttäuscht? Kann es sein, dass du einfach nicht gut genug bist?* Während ich auf das türkisblaue Meer starrte, rollte die Antwort über mich hinweg.

Gott will, dass ich so bin, wie ich bin. Er ist nicht enttäuscht von mir. Er freut sich an mir wie ein stolzer Vater. Er wünscht sich, dass mir seine Meinung wichtiger wird als das, was andere über mich denken. Wenn ich weiß, wer ich bin, und ruhig und zuversichtlich in diesem Wissen lebe, ehrt ihn das.

Ich nahm mein Handy und erstellte die Liste, die ich schon längst schreiben wollte. Sie war die Antwort auf die Frage, die mir endlich Heilung und Freiheit brachte:

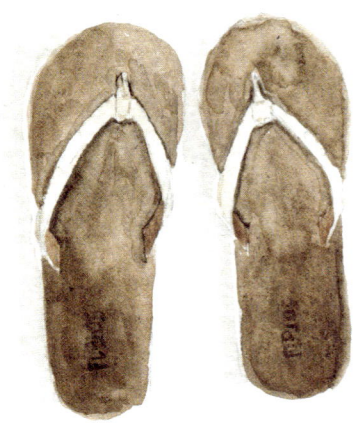

Flip-Flops

Wer bin ich?

Ich bin wertvoll.

Ich bin auserwählt.

Mir ist vergeben.

Ich bin heil und voller Frieden.

Ich bin kreativ.

Ich bin neugierig.

Ich mag Schatten mehr als Sonne.

Ich fühle mich angezogen wohler als in einem Badeanzug.

Ich mag Wasser mehr als andere Getränke.

Ich kann gut mit Kindern umgehen.

Ich bin eine liebevolle, fürsorgliche Mutter.

Ich habe Stil.

Ich bin stark.

Ich bin anmutig.

Ich bin elegant.

Ich bin ruhig.

Ich bin lustig.

Ich liebe Jesus, seine Wege und sein Wort.

Ich bin empfänglich für den Heiligen Geist.

Ich bin eine gute Zuhörerin und Fragestellerin.

Ich bin gut im Backen und im Haushalt.

Ich bin klug.

Ich bin eine gute Autorin.

Ich bin sensibel.

Ich bin einfühlsam.

Ich bin eine Künstlerin.

Ich bin okay, so wie ich bin.

Die letzte Zeile ist die wichtigste. Wenn wir uns entscheiden, authentisch zu sein, werden wir andere enttäuschen. Das ist so. Wir werden auch Fehler machen und nicht jedermanns Liebling sein, und trotzdem: Ich bin okay, so wie ich bin! Du bist okay, so wie du bist! Nicht, weil wir so toll sind, sondern weil Gott uns erwählt und geformt hat, in uns wohnt, sich an uns freut und uns *sein Eigen* nennt. Wir sind gut genug, denn wenn er uns anschaut, dann sieht er seine eigene Schönheit, Güte und Wahrheit in uns.

Endlich ergibt alles einen Sinn. Das ist mit „twirling" gemeint. Es ist die natürliche Reaktion auf die unerschütterliche Liebe, an die wir glauben und aus der wir leben, an die bedingungslose Annahme und beständige Nähe. Wir tanzen, weil wir wissen, dass wir nichts leisten und nichts beweisen müssen. Unter diesen Umständen haben wir das Bedürfnis, die Arme weit auszubreiten, den Kopf in den Nacken zu legen und uns frei und mit Anmut durch unser schönes, chaotisches, unvollkommenes, vielschichtiges Leben zu bewegen. Das ist möglich, wenn die Seele Ruhe gefunden hat und Ausdruck eines freien und unbeschwerten Lebens. Es hat lange gedauert, aber jetzt drehe ich mich tanzend im Kreis.

Tutu

Der Herr, dein Gott, ist mit dir.

Er ist mächtig zu retten.

Er wird sich an dir erfreuen,

er wird dich mit seiner Liebe beruhigen,

er wird sich mit Gesang

über dich freuen.

ZEPHANJA 3,17
(AUS DER NEW INTERNATIONAL VERSION
INS DEUTSCHE ÜBERSETZT)

Telefon

Nr. 17

GUTE ENTSCHEIDUNGEN TREFFEN

Mein Handy zeigte mir eine neue Textnachricht an. Sie kam von meinem Pilates- und Barre-Studio: „Lianne bat mich, dich zu fragen, ob du Interesse hast, das Barre-Zertifizierungsprogramm zu absolvieren. Wir veranstalten ein Wochenendtraining und erkundigen uns, wer mitmachen möchte."

Für die meisten wäre das nicht mehr als eine Frage. *Du machst Barre. Wir bieten ein Zertifizierungsprogramm. Willst du mitmachen?* Aber mir bedeutete es so viel mehr.

Ich liebe Barre. Bis zu meinem neununddreißigsten Geburtstag habe ich mich vor regelmäßigem Sport gedrückt, aber seitdem ich das erste Mal bei Barre mitgemacht habe, bin ich dabeigeblieben.

Lianne, die Besitzerin des Studios, ist eine hervorragende Fitnesslehrerin, eine ehemalige Tänzerin und die härteste aller Trainerinnen. Wenn ausnahmsweise mal einer ihrer Trainingstermine ausfallen musste, dann gab sie beim nächsten Termin noch mehr Gas als sonst. Für mich war es die höchste Auszeichnung, von ihr zu einem Barre-Trainerprogramm eingeladen zu werden. Ich fühlte mich auserwählt, ich wurde gesehen, sie hat meine Fähigkeiten bemerkt, ich habe einen vielversprechenden Eindruck auf sie gemacht und habe Potenzial.

Ob ich nun wirklich beim Training positiv aufgefallen war oder nicht, es war einfach schön, ausgewählt und eingeladen worden zu sein. Aber ich habe auch gelernt, dass ich solchen Gefühlen nicht erlauben darf, mein Verhalten zu bestimmen.

Es braucht nicht viel Fantasie, um sich vorzustellen, wie die Geschichte weitergegangen wäre, wenn ich zugesagt hätte. Ich hätte zunächst begeistert gedacht: *Jemand – eine Autoritätsperson – hält mich für wertvoll und hat mich eingeladen. Sie denkt, ich kann das. Ich muss es also tun!*

Emily hätte sich angemeldet, am Programm teilgenommen, Freude daran gehabt und dann selbst Gruppen geleitet. Vielleicht hätte es ihr Spaß gemacht, vielleicht auch nicht.

Eines Tages, während sie als Trainerin zu ihrer nächsten Gruppe geeilt wäre, hätte sie gedacht: *Ich weiß noch, wie es war, als ich Barre gemacht habe, weil es sich so schön angefühlt hat. Ich wurde mir meines Körpers bewusst und mochte es, mich anzustrengen. Es war eins der ersten Dinge, die ich nicht für Lob und Anerkennung tat. Ich wollte einfach nur den Körper, den Gott mir geschenkt hat, benutzen und wertschätzen, und mich so bewegen, dass es sich wie Anbetung anfühlte und mir Frieden und Freude gab. Ich vermisse diese Zeit.*

So ist es oft in anderen Situationen gelaufen, weil ich immer darauf achte, was andere über mich denken. Werde ich übersehen oder ausgegrenzt, bin ich niedergeschlagen. Zeigt jemand ein bisschen Interesse an mir, dann erwache ich zum Leben. Ich bin selten wirklich begeistert von etwas, aber wenn mir jemand einen Vorschlag macht, dann denke ich: *Ja, warum nicht?*

Eine Bekannte sagt: „Wir singen alle im Chor. Komm doch auch!" Also gehe ich zum Chor, obwohl ich nicht gut singen kann, und stehe ein Jahr lang im Gottesdienst zwischen genialen Sängerinnen, stecke in einem kratzigen, bodenlangen Satinkleid und mache Lippenbewegungen.

Ein Freund erzählt: „Wir haben eine Laufgruppe gestartet. Komm doch dazu!" Ich weiß genau, dass ich Joggen nicht mag, weil ich keine Luft kriege, nicht mithalten kann und nicht gleichzeitig rennen und reden kann. Trotzdem bin ich dabei.

Meine Freundin bewundert mich: „Du hast einen tollen Geschmack! Du solltest eine Design-Show organisieren!" Also engagiere ich ein Produktionsteam, erstelle ein Präsentations-Video und warte geduldig auf die Reaktionen der Stellen, denen ich meine Idee eingereicht habe. Als nichts kommt, begreife ich, dass die Idee meiner Freundin gut war – aber nicht für mich. Design-Shows liegen mir nicht.

Band

Glitzer

Schere

Die Beispiele ließen sich endlos fortsetzen. Der Haarschnitt, der mir nicht steht, die unbequeme Jeans, die ich auf Anraten der Freundin kaufe, der Beruf oder der Studiengang, den die Eltern vorgeschlagen haben.

Viele tun sich das an. Wir stülpen uns Persönlichkeitstypen, Berufe und Outfits über, die nicht zu uns passen. Wenn wir anderen gefallen wollen, nach Zugehörigkeit streben und so erfolgreich sein wollen wie die anderen, dann neigen wir dazu, uns zu verstellen und zu verkleiden. Tut uns das gut? Es macht zwar Spaß, sich zu besonderen Gelegenheiten zu kostümieren – aber nicht an jedem Tag.

• ◆ ❧ • ◆

Als meine Schwestern und ich noch klein waren und wir in unserem VW zu einem Familienfest, Restaurant oder Gottesdienst fuhren, drehte sich mein Vater immer vor dem Aussteigen um und ermahnte uns: „Mädels, benehmt euch gefälligst!" Wir grinsten, verdrehten die Augen und gehorchten. Unsere Eltern legten Wert auf gutes Benehmen und Höflichkeit und wir wurden für unser Verhalten häufig gelobt.

Für meine eigenen Kinder wählte ich eine etwas andere Formulierung: „Kinder, trefft gute Entscheidungen!" Das ist eigentlich das Gleiche wie *benehmt euch*, nur noch ein bisschen hintergründiger. Ja, ich will auch, dass keine Ellbogen auf dem Tisch stehen, bitte und danke gesagt wird, dass ihr Händedruck kräftig ist und sie die Person anschauen, der sie die Hand geben. Aber sie sollen zusätzlich lernen, was wichtig ist, und verstehen, dass ihre Entscheidungen Konsequenzen haben.

Wenn wir uns gut benehmen, sind wir nicht weit davon entfernt, Dinge zu tun, um gelobt zu werden. Treffen wir gute Entscheidungen, geht es uns nicht nur darum, *was* wir tun, sondern auch, *wer* wir sein wollen. Wie möchtest du sein und welche Schritte führen dahin? Wir haben die Möglichkeit, Entscheidungen zu treffen und tun das millionenfach. Somit liegt es in unserer Verantwortung, welche Richtung wir einschlagen. Gute Entscheidungen lassen uns zu der Person werden, als die Gott uns geschaffen hat, in die er uns verwandeln möchte und für die er Pläne hat. Diese Kompetenz möchte ich meinen Kindern weitergeben.

Ich hätte Barre-Trainerin werden können. Aber wenn ich meine Entwicklung betrachte und sehe, was Gott tut, wohin er mich führt und was ich vor mir habe, kann ich nicht schulterzuckend Ja sagen und hoffen, es wird schon okay sein. In unseren Entscheidungen müssen wir unsere Persönlichkeit berücksichtigen, auf unsere Vorlieben achten, unsere Motivationen verstehen, auf die Eingebungen des Heiligen Geistes hören und uns der Aufgabe bewusst sein, die Gott uns gegeben hat. Es gilt, seinem Ziel treu zu bleiben.

Das ist es, was eine gute Entscheidung ausmacht. Und wenn wir trotzdem mal nicht wissen, in welche Richtung wir gehen sollen, dann sollten wir den Rat aus Jakobus 1,5, befolgen:

Wenn aber jemand von euch
Weisheit mangelt,
so bitte er Gott,
der allen willig gibt
und keine Vorwürfe macht,
und sie wird ihm gegeben werden.

JAKOBUS 1,5 (ELB)

Unsere Gemeinde gründete eine Gruppe für Mütter von Vorschulkindern, weshalb Mitarbeiter für die Kinderbetreuung gesucht wurden, und zwar einmal im Monat vormittags. Mein Herz begann voller Freude zu klopfen. Als meine Jungs klein waren, besuchte ich so eine Gruppe, und ich war den Frauen immer dankbar, die sich um die Kinder kümmerten, während wir Mütter einen inspirierenden Vortrag und uns bei einem leckeren Essen unterhalten konnten. Ich war mir sicher, dass es für mich jetzt genau richtig war, auf die Kinder anderer Mütter aufzupassen. Meine Freundin Erica meldete sich ebenfalls an.

Eine Woche vor dem ersten Einsatz wurde Erica gefragt, ob sie nicht lieber die Gespräche an einem der Müttertische übernehmen wollte. Tatsächlich passte das besser zu ihr, denn sie spielte nicht so gern mit Kindern, aber sie konnte freundschaftlich und ermutigend mit jungen Frauen reden. Trotzdem verspürte ich einen Anflug von Eifersucht. Warum wurde sie gebeten, die wichtigere Aufgabe zu übernehmen? Dann erinnerte ich mich: Das Helfen bei den Kindern war *für mich* eine gute Wahl. Es war eine Entscheidung, die ich nicht für Anerkennung, sondern aus Authentizität getroffen hatte. Ich *liebe* Kinder, und dies war für mich eine Möglichkeit, mit meinen besten Gaben zu dienen. Die größte Freude erleben wir dann, wenn wir so leben und unsere Weichen so stellen, dass wir mit dem übereinstimmen, wozu Gott uns geschaffen hat und was er von uns verlangt.

Nach jeder dieser Veranstaltungen kam ich überglücklich nach Hause, denn es machte mir so viel Freude, mit den niedlichen Kindern zu spielen. Gleichzeitig war Erica ein Segen für die Frauen. Jede von uns war am richtigen Platz.

Silberbesteck

Die Gefahr besteht immer, dass man sich mit anderen vergleicht. Man verliert sich schnell in den Fragen, was man tun sollte, sein sollte, wie man sich anziehen oder verhalten sollte. Wenn mir etwas Gutes angeboten wird, schnappe ich danach, wie ein Kind nach einem Keks greift. Aber nicht alles, was gut ist, muss ich tun. Es ist manchmal anstrengend, überlegte und authentische Entscheidungen zu treffen, die nicht auf meiner Sicht der Dinge beruhen, sondern die Situation mit den Augen meines Vaters betrachten, der vertrauenswürdig und voll verantwortlich ist. *Das ist der Weg* zu einem freien und leichten Leben.

Wir sind eingeladen, frei und unbeschwert zu leben, indem wir mit Jesus verbunden bleiben und ihm erlauben, unsere Entscheidungen zu beeinflussen. Wir wurden perfekt und wundervoll geschaffen und werden Frieden und große Freude finden, wenn wir im Einklang mit dem leben, wozu Gott uns gemacht hat und was wir werden wollen.

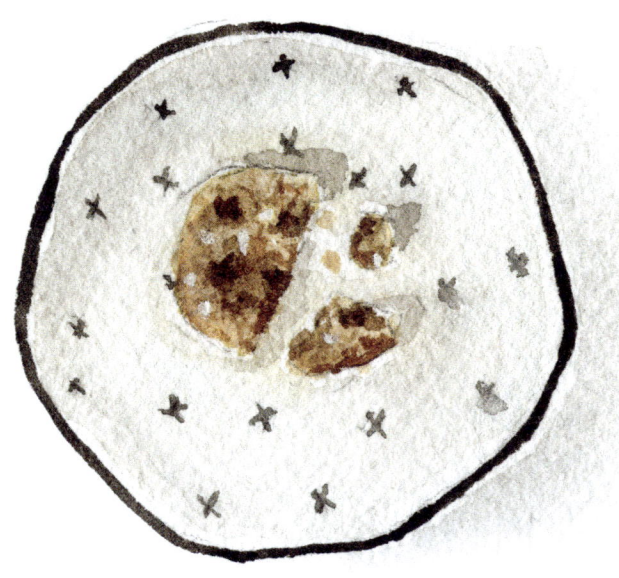

Kekse

Tasche

Nr. 18

DIE VERÄNDERUNG STEHT DIR GUT

Schwangere Frauen haben seltsame Gelüste. Ein Klassiker ist die Kombination aus sauren Gurken und Eiscreme. Eine meiner Freundinnen ernährte sich phasenweise von Cheeseburgern, eine andere brauchte große Mengen von Gummibärchen. Bei mir waren es immer Eiswürfel, in allen vier Schwangerschaften. Zerstoßen, in Würfelform, als Kügelchen, die man in manchen Fast Food Restaurants bekommt – egal. Wenn Ryan sich einen Kaffee bestellte, bat ich um einen großen Becher mit Eis. Wirklich, es war für mich wie ein Dessert. Für meine Kalorienzufuhr war das natürlich ideal, aber für die Nährstoff-Versorgung weniger.

Anscheinend hatte es damit zu tun, dass die Eisenspeicher meines Körpers zur Neige gingen. Also nahm ich Eisenpräparate ein und brachte gesunde Kinder zur Welt, aber meine Lust auf Eis blieb. Dabei hat das Kauen der Eiswürfel keinerlei Einfluss auf den Eisenlevel. Das wusste ich. Mein Körper signalisierte mir, dass es ein Problem gab, aber anstatt die Ursachen zu beheben, kaute ich auf Eis herum.

Irgendwann ging ich dann doch zu einem Arzt, einem Naturheilkundler, nahm allerhand Pillen ein und erlebte, wie meine Lust auf Eis nachließ. Ein gutes Zeichen! Eines Tages war diese

Eigenart komplett verschwunden. Ich mag Eiswürfel immer noch, aber ich brauche sie nicht mehr, um ein Verlangen zu befriedigen, das eigentlich auf etwas ganz anderes gerichtet war.

Dann stellte ich fest, dass Eiswürfel nicht das Einzige waren, womit ich von meinen tieferliegenden Problemen ablenkte.

• ◆ ▸ ◆ ◆

Am Ende eines jeden Monats schrieb ich einen Blog-Beitrag über das, was ich in den vergangenen vier Wochen gelernt, gelesen, gehört und gekauft hatte. In diesem speziellen Monat ließ mich die Kategorie „Kaufen" zusammenzucken. *Es war zu viel.* Teilweise gab es dafür Gründe. Manches war nötig – aber vieles auch nicht.

Ich hatte zu viel gekauft, weil es sich gut anfühlt, neue Dinge zu haben.

Ich hatte zu viel gekauft, weil ich es liebe, Pakete zu bekommen.

Ich hatte zu viel gekauft, weil ich die schönen Sachen haben wollte, die andere hatten.

Ich hatte zu viel gekauft, weil ich die schlechte Angewohnheit habe, zu viel zu kaufen.

So wollte ich nicht sein. Mir war nicht bewusst gewesen, wie sehr mich Shopping befriedigte. Anscheinend konnte ich damit tiefere Bedürfnisse überspielen. Inzwischen wusste ich, dass das Leben im Gleichklang mit Jesus nicht auf Serotoninkicks setzt, die mir ein voller Warenkorb beim Online-Shopping verschafft. Das sollte nicht mein Lebensstil sein und ich beschloss, etwas zu ändern.

Amazon Kartons

Als Erstes stellte ich für mich selbst eine Regel auf: Einen Monat lang wollte ich nichts kaufen, was nicht unbedingt sein musste. Ich sprach nicht mit anderen darüber, sondern wollte mit Jesus zusammen versuchen, den freien, unbeschwerten neuen Weg zu gehen. Bald darauf trug eine der Frauen, denen ich auf Instagram folge, ein extrem süßes Shirt, und beinahe hätte ich es bestellt – aus Gewohnheit. Doch nun zwang ich mich, auf meine Gefühle zu achten. Ich kaufte nichts, nur weil es reduziert war, weil mein Vorrat davon zur Neige ging oder weil ich einfach grundlos neue Sofakissen haben wollte.

Stattdessen fragte ich mich: Muss ich das kaufen? Brauchen die Kinder das? Ist es einfach nur noch mehr Zeug im Haus? Doch die wichtigste Frage lautete: Welche Sehnsucht versuche ich damit zu befriedigen? Geht es mir wirklich um das Shirt, den Lippenstift oder den Deko-Artikel? Oder fehlt mir eigentlich etwas anderes?

Ich verlängerte meine Challenge auf mehrere Monate, und ich erlebte etwas Unerwartetes: Als ich mit dem Kaufen aufhörte, verschwand nach einiger Zeit auch das Begehren. Ich

verinnerlichte den Zusammenhang zwischen meinem Konsum-
verhalten und meiner Unsicherheit, Angst, Langeweile und dem
Vergleichen. Und allmählich verlor der „Jetzt kaufen"-Button
seine Macht über mich.

Na ja, ich mag immer noch neue Pullis und freue mich über
schöne Kleidung und Wohnaccessoires. Erst neulich habe ich
ein neues Top für einen konkreten Anlass bestellt und es hat mir
viel Freude gemacht, das Päckchen zu öffnen. Aber so wie das
Kauen von Eiswürfeln keinen Einfluss auf meinen Eisenlevel
hatte, so hilft Shoppen auch nicht gegen ein unterentwickeltes
Selbstwertgefühl. Meine Sehnsucht, akzeptiert, bewundert und
geschätzt zu werden, ließ sich nicht durch die Verhaltensweisen,
die ich mir angewöhnt hatte, stillen.

Diese Einsicht wirkte sich in verschiedenen Lebensbereichen
aus. Ich lernte zum Beispiel, mit weniger Make-up auszukom-
men. Für manche mag das komisch klingen, aber für mich war
es ein großer Fortschritt. Wenn ich nur ein einziges Schönheits-
produkt für den Rest meines Lebens benutzen könnte, wäre
es für immer und ewig Wimpentusche. Meine Wimpern sind
lang, aber dünn, und ich hatte schon immer das Gefühl, dass ich
ohne Wimperntusche aussehe, als wäre ich entweder 12 Jahre alt
oder kränklich. Jahrelang trug ich Wimpernverlängerungen und
wurde auch zu Hause nur selten ohne eine dicke Schicht Mas-
cara gesehen. Vielleicht kann ich das ein bisschen entspannter
handhaben, seitdem ich älter werde, aber ich denke, es hat vor
allem damit zu tun, dass ich mich heute in meiner eigenen Haut
wohler fühle.

Apropos Haut – auch in diesem Bereich entstanden Selbstannahme und neue Einsichten.

Wimperntusche

Irgendwann in meinen jüngeren Jahren stellte ich mit etwas Bestürzung fest, dass meine Haut anders war. Andere legten sich in die Sonne und wurden braun, ich wurde rosa und bekam Sommersprossen. Meine rötliche Haarfarbe war ok für mich, aber diesen hellen Teint mochte ich nicht. Irgendwann verfestigte sich in mir der Glaube, dass meine blasse Haut hässlich sei und man sie korrigieren müsse. Und so bedeckte ich sie, testete Selbstbräuner und ging ins Solarium. War ich mit braun gebrannten Menschen zusammen, beeilte ich mich, einen Witz über meine helle Haut zu machen, bevor es ein anderer tat. Immer wieder betonte ich, wie froh ich war, dass unsere Kinder die Haut ihres Vaters geerbt hatten. Dieses gemeine innere Ich hat mich mein Leben lang wegen der Haut, in der ich steckte, gemobbt.

Entsprechend überrascht war ich, als Ryan eines Tages quer über den Parkplatz rief: „Ich mag deine Sommersprossen!" und ich antwortete: „Ich mag sie auch!"

Die Emily von vor einem Jahr hätte gelächelt und eine selbstironische Bemerkung gemacht, und auch jetzt war das meine erste innere Reaktion, aber ich hatte mich verändert. Ich verachtete meine Haut nicht mehr, sondern fing an, sie zu akzeptieren. Und ich war auf dem Weg, mich schön zu finden, so wie Gott mich gemacht hatte.

• • • • •

Obwohl ich regelmäßig trainierte, nahm ich nicht ab. Im Gegenteil, ich wurde sogar schwerer (Muskeln?) Aber ich fühlte mich stärker. Inzwischen konnte ich das komplette Barre-Training absolvieren, ohne zwischendurch meinen Gesäß- oder Oberschenkelmuskeln eine Pause zu gönnen. Ich nahm schwerere Hanteln, Treppensteigen ging leichter und ich war bei den Liegestützen besser als meine Teenager. Man sah mir die Veränderung äußerlich kaum an, aber für mich selbst war sie deutlich.

Entsprechendes erlebte ich in meinem Inneren. Keine Waage zeigt uns Fortschritte in Richtung mehr Freude, Liebe, Frieden und Bewusstsein der Gegenwart Gottes, aber ich selbst bemerkte deutliche Zeichen des Wachstums. Ich erlebte tieferes Vertrauen, schnelle Reue, mutiges, authentisches Auftreten, Freundlichkeit mir selbst gegenüber und Mitgefühl für andere. Die gewohnten Reaktionen, die mich in Unsicherheit und Selbstschutz gefangen gehalten hatten, begannen, sich zu verändern, während ich mit Jesus zusammen unterwegs war. Ich kann es nicht genau erklären, aber offensichtlich richtete sich mein Herz auf ihn aus und mein Verstand nahm seine Denkweise an. Je ähnlicher ich ihm wurde, desto mehr entfaltete sich mein wahres Selbst.

Auch was diese innere Entwicklung betraf, dachte ich nicht, dass jemand sie bemerken würde – bis wir uns eines Tages als Großfamilie zum Abendessen trafen. Dort saß Ryans Opa mir gegenüber. Er sagte während des Essens nicht viel, denn sein Gehör hatte nachgelassen und trotz Hörgerät fiel es ihm schwer, den Gesprächen am Esstisch zu folgen. Aber als wir unsere Mäntel zusammensuchten und die Essensreste zum Mitnehmen in Behälter packten, trat er ganz nahe an mich heran.

„Emily, ich habe dich während des Essens beobachtet. Die Zufriedenheit steht dir sehr gut!"

Opa Lex ist ein gutherziger Mann. Er liebt seine Familie und die Bibel. Was er sagt, hat Tiefe, auch wenn er mir dabei manchmal etwas näher kommt, als mir das angenehm ist. Ich dankte ihm, sammelte mein Gepäck ein und umarmte alle, bevor wir nach Hause fuhren. Seine Worte blieben mir im Gedächtnis haften. *Die Zufriedenheit steht dir gut.* Das hatte mir noch niemand gesagt. Was für eine Ermutigung! Vielleicht funktionierte diese neue Form der Nachfolge Jesu tatsächlich? Vielleicht konnte man äußerlich doch schon etwas von dem wahrnehmen, was innerlich geschah?

• • • • •

Echte, anhaltende Zufriedenheit stellt sich ein, wenn wir mit uns selbst und mit Gottes Plänen für unser Leben zufrieden sind. Wenn wir ihm vertrauen und uns an seiner Güte, seinen Verheißungen und seiner Fürsorge erfreuen, ist der tiefe Wunsch nach Zugehörigkeit gestillt. Dann ist auch die Frage nach unserer Identität geklärt, denn wir wissen, dass wir geliebt werden, dass uns vergeben wurde und dass wir immer gut versorgt werden. Es spielt dann keine Rolle mehr, ob unsere Schuhe der aktuellen Mode entsprechen, ob wir geschminkt sind, ein florierendes Geschäft oder ein überquellendes Sparkonto haben.

Lange Zeit waren meine Hoffnung und Wünsche fehlgeleitet. Oberflächliche Maßnahmen konnten die Unsicherheit nur vorübergehend reduzieren. Jesus aber gab mir vollständige Erfüllung, tiefe Zufriedenheit und Gnade über Gnade.

Jesus ist in der Lage, alle unsere Bedürfnisse zu stillen, uns zu stützen, zu heilen und uns neues Leben einzuhauchen. Es ist nicht ganz einfach, seinen Lebensstil zu lernen und dieser ist auch keine Garantie dafür, dass immer alles gut gehen wird. Aber wenn Jesus uns innerlich verändert, ist auf eine andere Art trotzdem alles gut. Flüsternd teilt er uns seine Träume mit und schenkt unserer Seele Frieden. Er verändert unser Sehnen und lässt uns zur Ruhe kommen. Die Hoffnung, die er schenkt, existiert unabhängig von unseren Umständen und unserer Fähigkeit, diese zu kontrollieren. Wir haben immer noch Bedürfnisse und Probleme, unerfüllte Hoffnungen und Schwierigkeiten, die wir ertragen müssen. Aber unsere Herzenshaltung ist anders. Wir laufen nicht mehr den vorübergehenden Lösungen hinterher, sondern die Liebe und Annahme unseres durch und durch guten Vaters sättigt uns.

Was für eine schöne Überraschung, wenn diese Heilung, die im Verborgenen geschieht, in Form von Zufriedenheit in unserem Leben und von unseren Gesichtern abgelesen werden kann.

Der Gott der Hoffnung aber
erfülle euch mit aller Freude
und allem Frieden im Glauben,
damit ihr überreich seid
in der Hoffnung durch die
Kraft des Heiligen Geistes!

RÖMER 15,13 (ELB)

Gestreiftes Shirt

Nr. 19

GUT UND RICHTIG

Wir haben einen begehbaren Kleiderschrank, in den ich mich verziehe, wenn ich in Gottes Nähe sein will. Der Raum liegt hinter unserem Schlafzimmer und ist durch das große Badezimmer im hinteren Teil des Hauses zu erreichen. Keiner kommt auf die Idee, mich dort zu suchen. Aufgehängte Kleidung, Reihen von Schuhen, Körbe voller Socken und Ständer mit trocknender Unterwäsche verleihen dem Raum eine gedämpfte Gemütlichkeit. Ein Fenster sorgt für Licht und frische Luft und der Teppich bietet sich an, um demütig vor Gott zu knien oder zu liegen.

Ich gehe zum Beten nicht immer in diesen Raum. Ich bete auch in der Dusche, im Auto, auf der Couch oder in einem Café, während ich Tagebuch schreibe. Ich habe gelernt, dass Gebet ein ständiges Bewusstsein von Gottes Nähe und ein innerer Dialog mit ihm ist, der immer zwischen uns abläuft. Aber manchmal, wenn ich besonders Gottes Hilfe brauche, gehe ich in meinen begehbaren Kleiderschrank.

Eines Morgens im November war ich dort auf meinen Knien, zusammengekauert, die Stirn auf dem Boden, und fragte: *Wie geht es weiter?* Ich hatte Tränen in den Augen, weil ich schnell weine und weil ich mich so verzweifelt nach einer Antwort sehnte. Jesus hatte mich aus dem Dickicht befreit und mir Frieden, Zufriedenheit und Freude geschenkt. Ich war so dankbar dafür – hatte aber keine Ahnung, was ich nun tun sollte. Konnte ich authentisch leben und gleichzeitig Jesus ehren? Ich brauchte eine klare Richtungsangabe. Und er war so gütig, mir zu antworten, sanft redete er zu meinem Herzen, mitten zwischen Blusen, Hemden und T-Shirts: *Sei eine Künstlerin.*

Es mag seltsam klingen, wenn man behauptet, Gottes Stimme zu hören. Nicht jeder kennt das. Aber es gibt Momente, in denen es so offensichtlich ist, dass man einfach weiß, das ist Gott. Neulich abends erzählte Brady uns, was Gott bei einem Jugendtreffen zu ihm gesagt hat.

Audrey meldete Zweifel an: „Ich verstehe das nicht. Gott spricht nie mit mir. Woher weißt du, dass es Gott ist, wenn du ihn hörst?"

Bradys Antwort war überlegt und mutmachend: „Die Worte kommen mir einfach in den Sinn. Es sind keine Worte, die ich von mir aus denken würde, und sie fühlen sich beruhigend, gut und wahr an."

Genau so ging es mir an diesem Vormittag auf dem Fußboden der Kleiderkammer. Gottes Antwort auf meine Frage fühlte sich beruhigend, gut und wahr an. *Sei eine Künstlerin.*

Ich glaube nicht, dass Gott uns auffordert, etwas zu sein, das uns total erschreckt und nichts mit dem zu tun hat, was wir schon sind. Ich hatte diese Antwort nicht erwartet, aber sie passte zu mir. Das *war* ich.

Ich entwerfe und gestalte gern etwas, ich liebe es, zu dekorieren, zu malen und zu basteln. So war ich schon immer. Wenn man mich mit einem Wort beschreiben sollte, würde man wahrscheinlich „kreativ" wählen. Seitdem ich denken kann, habe ich gezeichnet, geschrieben oder mir etwas ausgedacht. Ich habe schon immer Kunst *gemacht*. Aber nun sagte Gott, ich solle Künstlerin *sein*.

Ich hatte schon längst aus meiner Kreativität ein Geschäftsmodell gemacht und entwarf Briefpapier, machte Grafikdesign, fotografierte und verkaufte Kunstdrucke, aber ich bezeichnete mich nicht als Künstlerin. So großartig waren meine Werke nicht.

Unter einer Künstlerin stellte ich mir eine Malerin oder Bildhauerin vor, die Kunst studiert hat, deren Werke in Galerien ausgestellt werden und die an Wettbewerben teilnimmt. Ein Künstler war für mich eine scheue, etwas düstere Person mit cooler Kleidung, die Werke mit philosophischen Titeln schuf, in denen der Laie nur Farbkleckse erkennen konnte. Meine Kunst war weder ungewöhnlich noch abstrakt. Ich bastelte Papierblumen aus Servietten, während die Kinder Mittagsschläfchen machten, kritzelte Komikfiguren im Café auf die Servietten, schrieb in meiner selbst entworfenen Kalligrafie-Schrift Zitate aus Büchern ab und malte einfache Aquarelle. Ich *machte* Kunst, aber ich war keine Künstlerin – dachte ich. Vermutlich lag da das Problem.

Im tiefsten Inneren war ich schon immer eine Künstlerin, aber anstatt das selbstbewusst zu leben, versuchte ich, etwas anderes zu sein, schob die Künstlerin in den hintersten Winkel und redete mir ein, dass Kreativität zweitrangig sei. Denn in der

Welt des Online-Handels, in der ich tätig war, käme es hauptsächlich auf Innovation, Strategie und Wachstum an.

Ich versuchte also, mich auf das zu konzentrieren, von dem ich dachte, dass ich es als Unternehmerin tun müsse – was nie funktioniert hat. Nicht nur, dass ich darin nicht besonders gut war, es laugte mich auch aus und machte mich zynisch, müde und einfallslos. Wenn wir nicht leben, wozu wir geschaffen wurden, trocknet uns das emotional aus. Deshalb war ich an diesem frischen Herbstmorgen vor Gott auf den Knien und flehte ihn an, mir doch bitte, *bitte* zu zeigen, was ich tun sollte.

Weihnachtsbouquet

Sei eine Künstlerin, sagte er.

Diese Aufforderung war so prägnant, dass ich sie nicht ignorieren wollte. Eines wusste ich inzwischen: Gott hat gute Absichten. Wenn er mich an einen Ort führen möchte, dann liegt es in meinem Interesse, ihm zu folgen. Ich setzte also das Gehörte um und kramte in den folgenden Tagen die lang vergessenen Aquarellfarben hervor, breitete sie, mit Pinsel und viel Papier, auf dem Küchentisch aus und begann zu malen.

Ich malte eine Blumenvase und weil bald Weihnachten war, hatten die Blüten darin ein weihnachtliches Flair, mit Rot- und Grüntönen, in einer schwarz-weiß gestreiften Vase. *War es schön?* Ich war unsicher. Vielleicht brauchte ich etwas Abstand. Ich schob das feuchte Blatt zum Trocknen auf einen Papierstapel und ging nach oben. Im Gehen dachte ich: *Das Bild ist scheußlich. Ich bin keine Künstlerin. Ich habe keine Ahnung.*

Wie schnell hatte ich das Reden Gottes vergessen.

Als ich wieder nach unten ging, beugte sich Ryan begeistert über das trocknende Bild: „Em, das ist der Hammer! Wie hast du das gemacht?" Wie unterschiedlich unsere Reaktionen waren.

Ich konnte hart mit mir sein und mich mit anderen vergleichen, mich mit unrealistischen Erwartungen unter Druck setzen, Gottes Berufung für mein Leben ignorieren und aufgeben, oder ich konnte die Gaben, die Gott mir geschenkt hatte, ausprobieren und auf die ermutigenden Worte der Menschen hören, die mich liebten. Die Erneuerung des Denkens ist wirklich relevant. Man kann bewusst auf das Denken achten, Gedanken einfangen und sie prüfen. Auf welche Stimme wollte ich hören? *Deine Zeichnungen sind peinlich, lass es lieber!* Oder: *Das ist deine Identität, lebe sie aus?*

Ich arbeitete weiter an meinem weihnachtlichen Stillleben und mochte es nach einiger Zeit auch ein wenig. Meine große Schwester Amy, die mich stets ermutigte, bat mich um eine Kopie und hängte sie voller Stolz in ihrer Küche auf.

Ihre Begeisterung spornte mich an, so probierte ich einiges aus, was mir noch besser gefiel als Blumenbilder, und dachte: *Hm, vielleicht ist das gar nicht so schlecht.* In dieser Woche blieben die Farben auf dem Küchentisch liegen und ich zeichnete Figuren und Muster, behielt einiges und warf den Rest weg.

Am Neujahrstag hatte ich eine Idee: *Ich könnte das neue Jahr nutzen, um mich als Künstlerin zu üben! Ich würde alltägliche Gegenstände auswählen und, statt sie zu fotografieren (wie ich es jahrelang für Instagram und meinen Blog getan habe), malte ich sie. Sollte ich versuchen, an jedem Tag des Jahres ein einfaches Bild zu malen? Vermutlich brauchte man Übung, um ein Künstler zu sein, und ich könnte es auf diese Weise versuchen.*

Also fing ich am 1. Januar 2019 mit meiner Mal-Challenge für 12 Monate an: ein Bild pro Tag. Mein erstes Bild war die Zwiebel einer Narzisse in einem geometrisch gemusterten Übertopf, den ich besonders mochte und der in der Küche auf der Arbeitsplatte stand. Ich verpasste dem Bild noch einen Schatten, wie ich es bei anderen Künstlern gesehen hatte, und gab ihm den Titel: „Eine Paperwhite-Narzisse wartet auf ihre Blütezeit."

Ich malte an jedem einzelnen Tag dieses Jahres ein Bild. Dafür richtete ich mir in meinem Büro einen Tisch ein, auf dem alle meine Utensilien ausgebreitet blieben. Nachmittags, wenn ich ein bisschen zur Ruhe kam, wählte ich ein Objekt aus, fertigte eine Skizze an und arbeitete sie aus. Manche Bilder erzählten von den Ereignissen des Tages: Als wir alle beim Zahnarzt waren, malte ich Zahnbürste und Zahnpasta; Husten-bonbons, als ich erkältet war und im Frühherbst ein Ahornblatt, das sich zu verfärben begann. Manchmal zeichnete ich Dinge, die mich an etwas Besonderes erinnerten, wie den Ring meiner Oma; einen Strauß Luftballons zur Illustration einer Bibelstelle, die ich am Morgen gelesen hatte; ein Hawaiihemd zu Ehren unserer Väter am Vatertag. Ich versuchte mich an weiten Landschaften, Tieren und Pflanzen, die zur Jahreszeit passten, und war meistens überrascht, wie gut die Bilder ausfielen.

Indem ich jeden Tag malte, gewöhnte ich mich an den Gedanken, eine Künstlerin zu *sein*. Ich versuchte, mich nicht zu streng zu beurteilen, sondern mir zuzu-gestehen, dass ich meine Gaben, so gut ich konnte, nutzte. Durch die viele Übung wurde ich besser, die Bilder am Jahresende waren detaillierter und sorg-fältiger ausgearbeitet als die zu Beginn des Jahres. Ich bekam Routine im Skizzieren, beim Mischen der Farben und dem Schattieren der Motive. Gleich-zeitig wurde das Ganze zu einer geistlichen Übung. Bewusst stimmte ich dem zu, was Gott über mich sagte, und war ganz ich selbst. Ich lernte, langsam zu werden, aufmerksam zu sein und die Schönheit des Alltags zu entdecken und in bunten Farben festzu-halten. Ich wurde nicht nur eine bessere Künstlerin, sondern meine innere Heilung setzte sich ebenfalls fort.

Jeder Mensch trägt Gaben und Leidenschaften

in sich. Wir benötigen sie nicht, um unseren Wert zu beweisen oder unserem Leben einen Sinn zu geben. Vielmehr dienen sie dazu, uns im Vertrauen auf Gott zu der Person zu entwickeln, als die wir geschaffen wurden – ruhig, zuversichtlich, zufrieden und vertrauensvoll, auch wenn das Leben nicht glattläuft. Wir nutzen unsere Gaben, um Gott zu beschenken. Jesus heilt unser ängstliches, belastetes Herz und füllt es mit Hoffnung, Freude und Frieden. Aus diesem Überfluss heraus verwenden wir seine Gaben zu seiner Ehre.

Farbe

Ich hatte Ethan an der Schule abgesetzt und fuhr auf den noch dunklen Straßen nach Hause. Als ich das Radio einschaltete, lief das Weihnachtslied „Little Drummer Boy". Ich mag die peppige Version von Justin Bieber sehr, aber auch die Fassung von For King and Country fasziniert mich. Ich lauschte der Geschichte des armen Jungen, der dem neugeborenen Königsbaby nichts zu geben hatte. Geht es uns nicht auch oft so?

Jesus hätte die höchste Ehre und das größte Geschenk verdient, doch wir stehen da mit Wunden und Gepäck, schlechten Gewohnheiten und schwachem Glauben. Trotzdem winkt er uns zu sich. Er will, dass wir so kommen, wie wir sind – versöhnt und angenommen – und ihm unser Leben, unsere Hände und unser Herz schenken.

Einige trommeln und malen, setzen sich für die Schwachen ein, bauen, nähen und lehren. Andere gestalten schöne Räume und kochen großartige Mahlzeiten. Manche gründen Unternehmen, machen Fotos, schreiben Texte, erzählen Geschichten und berechnen Zahlen. Jeder gibt das, was *ihn ausmacht*. Wir tun nicht, was andere von uns erwarten, und sind auch nicht, was andere uns zuschreiben, sondern wir leben unsere eigene Identität.

Mit der einzigartigen Kombination aus unseren Talenten, unserer Stimme, der Gemeinschaft, der wir angehören, unserer Karriere und unserer Kultur, in dem historischen Moment, in dem wir leben, verkünden wir Jesus – wer er ist und was er für uns getan hat – so wie nur wir das können. Wir tun dies nicht für Anerkennung oder Wertschätzung, sondern weil es alles ist, was wir zu bieten haben. Und wir wollen dem, der uns das Leben gibt, so gern etwas schenken.

Das Ende des Songs mag ich am meisten (zusammen mit dem eingängigen Pa-ram-pam-pam-pam-Teil): „Dann lächelte er mich an", erzählt der Junge, „mich und meine Trommel." Ist das nicht erstaunlich? Ja okay, ein bisschen kitschig, aber es stimmt trotzdem. Neben Jesus stapeln sich die kostbarsten Geschenke, aber er freut sich über ein einfaches Trommelspiel.

Was auch immer unsere Gaben sind – ob beeindruckend oder unscheinbar, öffentlich oder unsichtbar -, wir dürfen sie unserem liebenden Vater mit aufrichtigem Herzen bringen. Er wird sie mit einem Lächeln empfangen. Doch am meisten freut er sich über uns, wenn wir genauso sind, wie er uns geschaffen hat.

Weihnachtsnarzisse

Alles, was auch immer ihr

tut oder sagt,

soll im Namen von Jesus,

dem Herrn, geschehen,

durch den ihr Gott, dem Vater,

danken sollt!

KOLOSSER 3,17 (NLB)

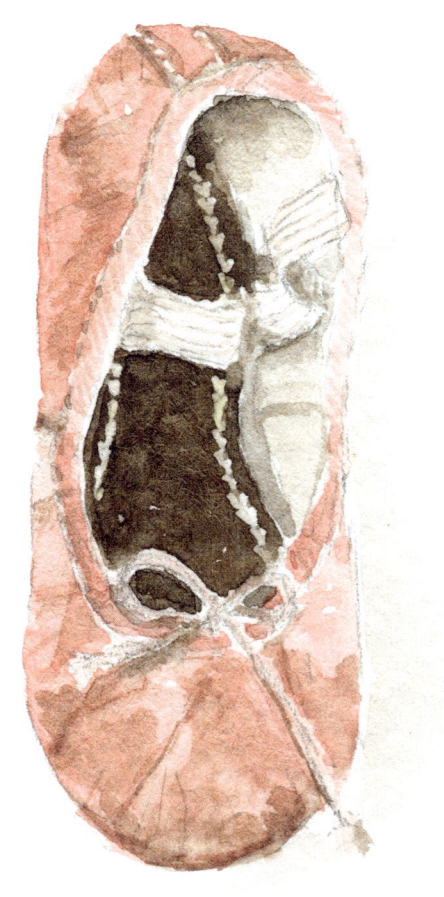

Balettschuh

Nr. 20

SCHÖNE FÜSSE

Mein erstes Paar rosa Ballettschläppchen ist nicht größer als meine Handfläche. In Audreys Kleiderschrank steht der Karton, in dem ich alle Ballettsachen aufbewahre: meine pastellfarbenen Trikots und die winzigen, hellrosa Strumpfhosen, dazu mein handgestrickter Wickelpulli im schönsten Rosaton, den auch Audrey früher zum Ballettunterricht trug. Auch die Spitzenschuhe, die meine Mutter als junge Tänzerin trug, sind in diesem Karton. In meiner Kindheit waren ihre Ballettschuhe und Kostüme meine Lieblingsstücke in unserer Verkleidungskiste.

Meine Mutter wuchs in einer Familie von Künstlern auf. Ihr Vater war ein berühmter Pianist, Schauspieler und Maler. In den 1960er-Jahren arbeitete er als Bühnenbildner in der Theaterszene von Seattle. Ihre Mutter war eine Tänzerin, die Judy Garland Tanzunterricht erteilt hatte und in lokalen Theaterproduktionen an der Seite meines Großvaters auftrat. Kunst gehört zum Erbe unserer Familie.

Als ich dreieinhalb Jahre alt war, meldete meine Mutter mich zum Ballettunterricht an. Damit war ich für *Miss Jans Schule des klassischen Balletts* sechs Monate zu jung. Aber weil ich sehr gern tanzte und mich anmutig bewegen konnte, war Miss Jan bereit, eine Ausnahme zu machen. Es war Liebe auf den ersten Plié.

Das große Ballettstudio mit seinen verspiegelten Wänden, großen Fenstern und umlaufenden Holzstangen war einmal pro Woche für uns Kinder, unsere Lehrerin und den Pianisten reserviert. Einmal im Jahr wurden Klappstühle für die stolzen Mütter, Väter und Großeltern aufgestellt, die einer Unterrichtsstunde beiwohnen durften. Dieser Elterntag war immer etwas ganz Besonderes. Für meine Schwestern wurde ein Babysitter besorgt und mein Vater kam mit einem riesigen Camcorder auf der Schulter, um seine kleine Ballerina zu filmen.

Während Miss Jan sich vorstellte und einen Überblick über unseren Ballettunterricht gab, sollten wir reglos im Schneidersitz auf dem Boden sitzen, die Hände anmutig im Schoß gefaltet. Da schwenkt der Film von Miss Jan nach links, wo mein Vater seine kleine rothaarige Tänzerin ins Bild holt. Ich hatte meine

Balettjacke

Beine angewinkelt, die Knie gegen die Brust gepresst, zappelte die ganze Zeit herum und hatte ein breites Grinsen im Gesicht. Dieser Teil des Films irritiert mich, denn eigentlich halte ich mich gern an Regeln und will es immer allen recht machen. Von meiner Mutter weiß ich, wenn ich etwas falsch gemacht hatte, genügte ein strenger Blick, schon brach ich in Tränen aus. Ich wollte niemanden enttäuschen. Wie passte das zu diesem kleinen Mädchen in dem Film? Interessierte mich Anerkennung damals noch nicht? War ich mir der Blicke der Eltern, Klassenkameraden und der Lehrerin nicht bewusst?

Staunend betrachte ich mich. Anerkennung war mir damals offensichtlich egal. Ich fühlte mich frei und war voller Freude, viel zu glücklich, um still zu sitzen. *Ist das mein Wesen? Bin ich so geschaffen?*

Alles am Tanzen war für mich wunderbar: die Präzision und Disziplin, die Anmut und Schönheit. Ich liebte den Unterricht, die Lehrer, die Bewegungen. Auch die Musik berührte mich. Ich mochte es, wenn die Haarnadeln festgesteckt wurden und ich die glatten Strumpfhosen anzog. Es war wunderbar, mich so anmutig zu fühlen, neue Bewegungskombinationen einzustudieren, Kopf und Körper gemeinsam anzustrengen.

Auch das jährliche Vortanzen machte mir Freude, denn es bedeutete, dass ich Teil des *Nussknackers* sein würde, mit dem bunten Treiben hinter der Bühne, den fantasievollen Kostümen, dem Make-up und der ansteckenden Aufregung.

Was ich nicht liebte, waren meine Füße.

Im Alter von zwölf Jahren trainierte ich mit dem renommierten *Pacific Northwest Ballet*. Ich war kurz davor, mit dem Spitzentanz zu beginnen, als die Leitung der Ballettschule meine

Eltern und mich zu einem Gespräch bat. Was uns dann mitgeteilt wurde, war nicht, was wir erwartet hatten.

„Emily ist eine sehr gute Tänzerin. Sie hat den perfekten Körper. Ihr Hals ist lang, und ihre Bewegungen sind anmutig, aber sie hat nicht die richtigen Füße. Für den Spitzentanz braucht sie mehr Beweglichkeit in den Füßen. Wir empfehlen ihr einen Termin bei unserem Fußspezialisten, um ihre Fußknochen operieren zu lassen, damit sie weiterhin als Stipendiatin an unserer Schule tanzen kann."

Meine Eltern brauchten nicht lange, um ihre Entscheidung zu treffen: Auf keinen Fall würden sie ihrer 12-Jährigen das Risiko einer chirurgischen Veränderung der Füße zumuten.

Damit waren meine Ballerina-Träume von einem Augenblick zum anderen vorbei. Alles nur wegen dieser dummen, hässlichen Füße.

● ● ● ● ●

Am Morgen vor meinem vierzigsten Geburtstag saß ich auf der Veranda unseres Hotelzimmers und beobachtete den Sonnenaufgang, als mein Handy vibrierte. Meine Freundin schrieb:

Jesus weckte mich heute Morgen um vier mit einem Bild von dir. Ich sah dich in Frieden gehüllt, mit wunderschönen, neuen, zart-rosa-farbigen Spitzenschuhen, dazu hörte ich die Worte: „Wie schön sind die Füße derer, die gute

Nachricht bringen. "*Ich bete für dich, dass du den Zweck dieser Füße neu entdeckst und auf ihnen herumwirbeln kannst!*

Nussknacker

Keine Frage, es ist etwas Besonderes, wenn jemand so unvermittelt und intensiv an mich denkt und dabei vom Heiligen Geist inspiriert ist. Trotzdem war meine erste Reaktion negativ: *Ja super, aber meine Füße sind nicht in Ordnung.*

Doch kaum hatte ich das gedacht, durchströmte mich Gottes Wahrheit: *Deine Füße sind genau richtig, ich habe sie so gemacht. Es gibt keinen Grund, dich für sie zu schämen. Sie erfüllen gute und wichtige Aufgaben.*

Es hatte viel Zeit und Übung gebraucht, doch endlich war die Stimme des Heiligen Geistes lauter als meine Gedanken. Ich ließ meine Hand mit dem Smartphone sinken und hob den Blick. Der Pazifik glitzerte in der Morgensonne und ich wusste, dies war ein Wendepunkt.

Wollte ich daran festhalten, dass ich fehlerhaft war und die falschen Füße hatte – mir wünschen, *ich* wäre anders? Ich konnte den kritischen Lügen zuhören und sie immer weiter in meinem Kopf kreisen lassen, dann würden sie mich bis an mein Lebensende belästigen und behindern. Oder ich konnte glauben, was *Gott* über mich sagt und mich für ein Leben in Freiheit entscheiden.

Ich schlug die Bibelstelle auf, die meine Freundin zitiert hatte:

Stöckelschuh

Sandalen

230

Wie schön sind auf den Bergen

die Füße dessen,

der frohe Botschaft bringt,

der Frieden verkündet,

der gute Botschaft bringt,

der Rettung verkündet,

der zu Zion spricht:

„Dein Gott herrscht als König!"

JESAJA 52,7 (ELB)

Das Wort „schön" kann auch „hübsch" oder „attraktiv" bedeuten. Aber sind Füße hübsch? Diese Bibelstelle will nicht sagen, dass jeder, der eine gute Nachrichten bringt, besonders hübsche Füße hat. Schönheit bedeutet hier „angemessen", „passend", „perfekt geeignet" oder „bestimmungsgemäß gebraucht".

Im Neuen Testament wird für „schön" meist das griechische Wort *horaios* verwendet, was „zur rechten Stunde, zur rechten Zeit oder zur Jahreszeit gehörend; rechtzeitig; blühend" bedeutet. Es ist schön, wenn die Ernte zur richtigen Zeit reif ist oder ein Werkzeug für den richtigen Zweck benutzt wird. Ich mag diese Definition von Schönheit.

Wie schön sind die Füße dessen, der frohe Botschaft bringt.

Wie angemessen ist es, unsere Gaben zu nutzen, um anderen Freude zu bringen.

Wie passend ist jeder, der Frieden hinterlässt.

Wie perfekt geeignet sind alle, die ihre Nächsten lieben.

Wie bestimmungsgemäß lassen sich die gebrauchen, die anderen Trost und Ermutigung spenden.

Ja, meine Füße sind nicht dazu geeignet, Pirouetten zu drehen oder auf Zehenspitzen zu gehen, aber der Gott des Universums hält sie für genau richtig, um das zu tun, wozu er sie geschaffen hat. Gott ist kein Fehler passiert, als er mir kein hohes Fußgewölbe geformt hat. Meine Füße sind genau richtig für die Aufgaben, die Gott für mich hat. Jeder hat die Füße bekommen, die er für die ihm zugeteilte Arbeit braucht.

Es geht nicht nur um Füße, sondern um unsere Entwicklung hin zu der Person, die Gott im Sinn hatte, als er uns schuf. Er möchte unsere vermeintlichen Schwächen samt allem, was wir in unserem Leben für falsch und kaputt halten, nutzen –

zu unserem Besten und zu seiner Ehre. Seine Pläne für unser Leben übertreffen alles, was wir selbst zustande bringen konnten. Damit verändert sich die Frage nach unserer Identität. Entscheidend ist nicht mehr, was wir über uns denken, entscheidend ist, *wer Gott ist* und *was er über uns sagt*. Wenn wir uns so definieren, können wir in ruhiger Zuversicht leben, statt unermüdlich nach falscher Befriedigung zu streben, die uns nie sättigen wird.

Es ist eine Veränderung, die Kraft kostet und radikale Ehrlichkeit voraussetzt, bei der uns aber Last abgenommen, Wahrheit geschenkt und Barmherzigkeit entgegengebracht wird. Wir können authentisch leben und uns frei und offen hingeben, auch wenn wir nicht alles richtig machen. Unser Wert beruht auf dem Gott, der uns von Anfang an geliebt hat.

Er lädt uns zu einem Leben des Friedens und der Freude ein, aber wir verstricken uns immer wieder in Stolz und Unsicherheit, vergessen die Wahrheit und fokussieren uns auf die Unmöglichkeiten, statt auf seine ewige Gnade und umfassende Versorgung zu vertrauen. Doch es ist nie zu spät, dies zu ändern. Gerade jetzt ist der ideale Moment, um die liebevolle Einladung Jesu anzunehmen. Wir dürfen tief Luft holen, die Hände öffnen und frei und unbeschwert in das herrliche, erfüllte Leben eintreten.

Halbschuh

Unser Haus

EPILOG

Unser Haus hat hübsche Dachgauben und eine große Veranda. Es steht auf einem großen Grundstück, umgeben von alten, immergrünen Bäumen. Nach unserer Reise durch die USA wollten wir ganz neu anfangen und zogen hier ein. Es war eine gute Entscheidung. Das Vertraute zu verlassen, war schmerzhaft, aber wir waren dankbar für unser neues Zuhause und die Aufnahme in die neue Nachbarschaft. Davor hatten wir mit unseren Nachbarn dicht an dicht auf briefmarkengroßen Grundstücken gelebt, nun hatten wir weiten Raum. Ein Zaun ist hier ebenso unnötig wie Sichtschutz für die Fenster. Das Häuschen ist alt, was zu seinem Charme beiträgt, das große Gelände bietet Ruhe, Zuflucht und Schutz.

Nach zwei Jahren beschlossen wir, dass wir mehr Licht brauchten, deshalb rodete Ryan zusammen mit einem Freund und einem riesigen Traktor den hinteren Teil des Grundstücks. Sie fällten Bäume und entfernten Gestrüpp, räumten dürre Äste weg und reduzierten die wuchernden Bodendecker. Am Ende hatten sie den Platz hinter dem Haus verdoppelt. Auch der riesige Ahorn, der alles überschattet hatte, musste weichen. Zunächst sah alles noch ein bisschen wild aus, aber nun hatten wir mehr Sonnenlicht und nach und nach würden wir daraus ein schönes Gelände machen.

Ähnliche Prozesse liefen in den letzten fünf Jahren in meinem Inneren ab. Seitdem ich meine Hände geöffnet, alte Überzeugungen ausgerissen und sinnloses Bemühen aufgegeben hatte und mich in neuen Formen des Sehens und Denkens übte, wirkte ich etwas ungeordnet und sehr verletzlich. Auch durch mein Herz war ein Wirbelsturm gezogen, hatte das Gewohnte durcheinandergeworfen, Unkraut und Dornen ausgerissen und Unsicherheiten und Lügen weggeräumt. Wo Dunkelheit geherrscht hatte, strömte nun das helle Licht hinein. Wo Selbstschutz hochgehalten worden war, regierte nun das Vertrauen auf einen allmächtigen Gott. Der Knoten der Angst drückte nicht mehr auf meine Brust, ich war frei. Ich durfte Heilung und Freiheit erleben – ein Versprechen, das jedem gilt.

Wenn wir der Einladung Gottes in ein leichtes und unbeschwertes Leben folgen, beginnt ein lebenslanger Prozess. Es reicht nicht, Bäume auszureißen und Gestrüpp zu entfernen. Ein schöner Garten wächst nicht von allein, er muss bearbeitet werden.

Noch mehr roden.

Unebenheiten glätten.

Einen Plan entwerfen.

Säen und einpflanzen.

Gießen und düngen.

Unkraut zupfen.

Geduldig darauf vertrauen, dass das Licht der Sonne Wachstum schenken wird.

Die Verwandlung unserer Herzen wird Unbehagen verursachen, denn sie richtet sich gegen unseren Selbstschutz. Wir werden uns nackt und bloß fühlen, aber wir dürfen uns absolut sicher sein: Es dient zu unserem Besten. Gott ist vertrauenswürdig. Er ist freundlich und sanft und wünscht sich ein freies, unbeschwertes Leben für uns. Nichts erfreut ihn mehr, als wenn seine Kinder seiner Einladung in ein Leben der Fülle folgen.

Wir treffen die Entscheidung immer wieder neu, in jeder Minute des Tages. Vergessen wir unsere wahre Identität? Suchen wir nach Liebe, Annahme und Wert in vergänglichen Dingen? Oder empfangen wir unser erfülltes Leben vom Wesen Gottes, seinem Plan für uns und der Bestimmung, die er in uns gelegt hat? Tag für Tag können wir uns an sie erinnern, darauf achten und darin bleiben – viele winzige Glaubensschritte, die den Verlauf eines Tages, einer Woche, eines Monats und eines Jahres bestimmen. Dann beschreiben wir unser Leben nicht mehr nur mit: „Danke, es geht mir gut".

Unbändige Freude, tiefer Frieden und absolute Erfüllung sind uns verheißen. Wie könnten wir das ausschlagen? Während wir der Wahrheit Raum geben, wird das helle Licht Gottes das Wunder des Wachstums schenken und uns wunderbar aufblühen lassen.

Erbsenpflanze

Dem aber, der über alles hinaus

zu tun vermag,

über die Maßen mehr,

als wir erbitten oder erdenken,

gemäß der Kraft,

die in uns wirkt,

ihm sei die Herrlichkeit

in der Gemeinde

und in Christus Jesus

auf alle Geschlechter hin

von Ewigkeit zu Ewigkeit!

Amen.

EPHESER 3,20-21 (ELB)

Die amerikanische Originalausgabe ist im Verlag
Harvest House Publishers, Eugene, Oregon 97408, USA
unter dem Titel „Freely And Lightly" erschienen.

Bibelzitate folgen, wo nicht anders angegeben, dem Text der Neues Leben.
Die Bibel, © der deutschen Ausgabe 2002 und 2006 SCM R.Brockhaus
in der SCM Verlagsgruppe GmbH, Witten/Holzgerlingen.

Elberfelder Bibel 2006, © 2006 by SCM R.Brockhaus in der
SCM Verlagsgruppe GmbH, Witten/Holzgerlingen (ELB)

Lutherbibel, revidiert 2017, © 2016 Deutsche Bibelgesellschaft,
Stuttgart (LUT)

Einheitsübersetzung der Heiligen Schrift. © 1980 Katholische Bibelanstalt,
Stuttgart (EÜ)

Außerdem wurden ein Großteil der Bibelzitate aus der amerikanischen
Bibelübertragung „The Message" aus dem Verlag NavPress übersetzt,
da diese in der amerikanischen Version des Buches verwendet wurde und
einen besseren inhaltlichen Zusammenhang gewährleistet.

1. Auflage 2024
Bestell-Nr. 817975
ISBN 978-3-95734-975-0

Umschlaggestaltung und Satz: Hanni Plato
Illustrationen: Emily Lex
Übersetzung: Beate Zobel
Druck und Verarbeitung: FINIDR
Printed in Czech Republic

www.gerth.de

Ferner wollen wir unbeirrbar
an der Hoffnung festhalten,
zu der wir uns bekennen;
denn Gott ist treu und hält,
was er zugesagt hat.

HEBRÄER 10,23 (EÜ).